U0018808

高調腐女的低調養成

愛著人類

所以喜歡觀察人類的百態，其中包含了醜態、癡態、變態……（等等。

但更愛 Boy X Boy

非常喜歡 BL，喜歡到懷疑自己從上輩子就開始喜歡了，但前世的事情我已經沒有記憶了，所以，嗯，沒有所以。

右手呈現爛掉的狀態

在右手還沒爛掉之前，眾人看著我畫的圖問我說：「摸哥妳右手是爛掉了嗎？」
吾沉痛曰：「非也。」
於是閉關修煉，早也畫晚也畫，直到右手君他真正地爛掉，終於與圖一起，爛掉。

囚犯衣都穿好了

自 2013 年以來便致力於散播阿腐文化，加上出版的商業書籍都是 R18，因此早就做好了被拘捕的準備。

加長版褲子

因應日漸巨人化的下半身尺寸，褲子的 size 也慢慢加長加寬加大到目前諸君所看到的這個樣……什麼?! 你說沒有變化?? 我是指褲襠的部分啊！

腦袋有洞

用詞也是各種直白和胯下、胯下與胯下，總之就是纏繞在胯下絕不放手的下半身用詞，如果我們調性不合，還請施主爽快將我放生。

黑眼圈極深

不是只有待在二次元的世界遊蕩，三次元的生活更是水深火熱、霹靂啪啦，所以黑眼圈和自己挖的坑都是深得不得了啦請見諒。

是個披著胸部的大叔

生理女性，只是內心住了六層樓的男子漢罷了。請各位大德不要再私信來問我是不是 Gay。雖然敝人有時會「老子」「老娘」交替自稱，但那不代表我有性別認同障礙。
我有障礙的是在別的地方（幹。

內褲會定期更換

不過都不是自己的內褲（你懂的……
多半以二次元的為主。
很花心，所以手上的內褲會換個不停，但從不會遺棄任何一條內褲。

鋼鐵該邊

擁有鋼鐵意志的該邊不會因為任何風吹草動而有所動搖，
因為會動搖的從來都只有傾巢而出的小野獸們而已！（放出

每個人內心都有腐，未發現只因為小看了它的定義罷了，感謝摸哥帶領大家走向新世界～

——永遠是屬於刺青哥的「**內褲萌**」

一句古老的諺語說得好：「這世界上，沒有什麼可以阻止腐女。」腐女擁有超越創世主的力量，時時刻刻都能創造全新的小宇宙在腦中運轉。橫行無阻的腐女就算你囚禁她的肉體，她的精神仍然透過眼神直勾勾的穿透你的內心（穿得你全身發寒，然後她內心無上限的各個平行世界繼續運轉）。

好久好久以前，本來就很宅的我，在網路滑一滑不小心發現了摸哥的網誌（這件事是遠在我經營粉絲團之前發生的）。不看則已，一看便是無法自拔。透過摸哥親切的筆觸，順手捻來便能觸動心弦（哪根弦？）的描述手法，永遠都不嫌多的自嘲語氣，引人入勝的解說，精確無比將當時還懵懵懂懂的我一腳踹進腐海森林正中央。

這世上有腐男嗎？我也不知道，但我確實正在漸漸了解腐女的想法。後來粉絲團一個不小心引進了刺青哥這個角色，原本只是個路人卻意外走紅，讓我最後步向了親自下海的不歸路（是有沒有這麼矯情XD）。本來只是一個好好的朋友，現在跟他互動時，腦中都是「啊啊，他剛剛這樣對我說的那句話，要是腐女知道一定會暴動」，那是一種精神抽離的概念，像是靈魂出竅後，在高空觀賞自己的演出，以腐眼判斷周遭正在進行的每一個隻字片語（靠，我真的變腐男了，而且還是個自戀的腐男（掩面））。

身為腐界教母的摸哥，我一直抱著尊敬的態度。默默看著她的文章，默默感嘆為何有人如此有才華，說話如此有感染力。後來認識了摸哥，她用一句話表達對於我與刺青哥的看法，「嗯～你們這對真不錯。」啊啊啊好榮幸！竟然被摸哥稱讚了，有一種自己備受肯定的感覺。等等，我跟他不是一對啊！摸大人！請聽我解釋。

看著摸哥的文章很容易笑岔氣，很容易讓人擺脫不好的心情，摸哥真的很厲害。《高調腐女的低調養成》這本書裡，摸哥功力依舊，爆笑的字裡行間，藏著對於腐更深刻的認識。我學到了更多，也體會更多腐女依然故我的力量，依然故我的在腦中無限創造的力量（腐眼看劇基，萬物皆CP啊）。

「沒想到你本人蠻硬的欸。」摸哥啊，這算稱讚嗎XDDD那我可以當攻了嗎？我不要一直當受啊啊啊（下跪）。

這裡面,越待
越舒服啊
真的…

究極反差萌的代言人「陳珊妮」——

2016全球百大最具影響力女性！

男人性感臀大肌教母「LPS」——

一本比腐女更了解腐女的書，完全印證了胯下沒有距離，男男不是問題。所以孩子們，放下矜持，立地成腐吧。

普渡眾生之BL佛手「Reika」——

一本腐女聖經即將誕生的強烈預感!!給我心目中腐女界蔡ㄎ永——摸哥（跟蔡ㄎ永道歉

真・清新出泥小白蓮「小島菌」——

整本讀下來充滿太多邊讀邊笑邊嬌羞邊想說這什麼鬼啊哈哈哈哈的心得，想要說她沒道理，但話到嘴邊，反駁的話卻一個字也說不出。漸漸的在閱讀過程中發現自己早已踏上一條抖M的道路，只能面對她接受她臣服於她了。雖然我真的不是阿腐，但這本書比國家地理頻道更能打開你對世間萬物的想像，而且開了就回不去了（淡淡）。

摸摸的閃亮幻肢之友「硝子」——

一入BL門深似海，從人體構造到CP邏輯推演等五花八門的豐富知識，這片廣大又不可言喻的腐海裡究竟蘊藏著些什麼樣的秘密？讓摸摸老師帶領你用學術的眼光看待BL這門羅曼蒂克的學問！

純淨天真無邪小精靈「喵四郎」——

摸摸用超能力讓我在屁股與胯下看見了新世界!!謝謝妳，摸摸!!

療癒銷魂系之創世主「澈」——

只要摸哥在前頭當移動式燈塔，照亮的一切都充滿腐味，俗語說世間萬物皆能腐，孩子們，別怕，跟隨燈塔，找到真實的自己吧！

掌握你上面和下面的「簡莉穎」——

我一直是摸摸的忠實讀者，她是宇宙級幽默有梗腐界大濕。更精彩的是她從ＢＬ的Ｇ點出發，懷著對全人類的愛，談論各種早已存在、但主流難見的慾望以及性癖；情色與禁忌總能激發最強大的想像力，看腐女隱然與邊緣少數聯手，創造出豐沛多元的性／慾望／關係，腐神之前，人人平等。此書充滿著戰鬥力和腦洞破天的梗，我的史考特機器已嗶到爆碎！

絕讚裸體之新好翹臀「藍島」——

如果讓我喊一聲「淦你ＸＸ」就算大腦被強姦一次的話，那我大約被本書強姦了168次，剩下的我不想算了！

Part 1

Part 2

「進階養成」通識你的選修學分

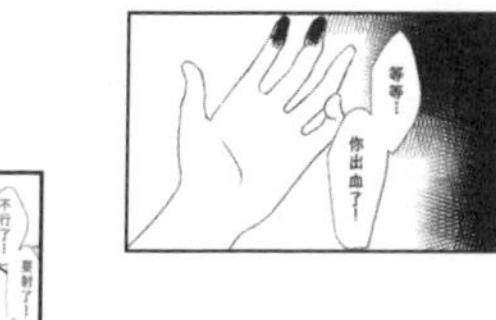

Part 3

「生活養成」升級你的專業規格

其實就是兩個人在桌子底下
不知道在做些什麼。

Part 4

「經驗養成」屌打你的各方敵人

Part 5

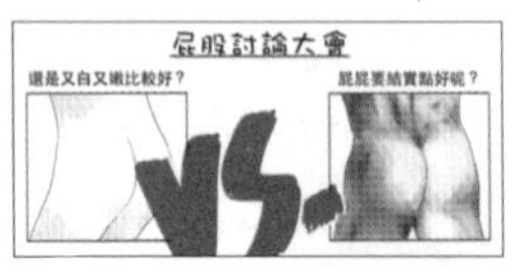

為何是「高調」腐女的「低調」養成？

關於本人在現實中是個低調腐的這件事，是從上個世紀哼利八世（誰）就已經決定好的事情，也就是說如果逼我成為高調阿腐，我會在自己幻肢上綁三十尺白綾，然後直接從 101 大樓往下進行一個高空彈跳的動作——低調腐女會直接成為低調的在土裡腐爛著化掉的女人。「我家門前有小河，後面有山坡，山坡上面野花多，下面埋著我。」

那為什麼還要叫《高調腐女的低調養成》呢？

「欸妳是不是偷懶、不想思考書名，所以把上一本《低調腐女的高調告解》直接拿來施以乾坤挪移大法，還厚顏無恥的以為這樣就可以變成系列作，像是『腐女三部曲』!!」

不是，你不要說出來嘛……

認真說，為何高調腐女需要低調養成？雖然「低調」一直以來似乎是腐圈的共識，但實際上在這幾年內我也看到了不少完全背道而馳的想法，除了低調高調兩派彼此撞擊產生了些許火花之外，我也看到了這些零星小火花能為腐人們照亮至今尚未明朗的前方道路、看到了腐圈能向下扎根、向上生長、向左一個箭步、向右一個左鉤拳就把刻板印象和社會精液驚異的眼光擊碎之可能。

並不是想要腐女全員走在伸展台上媽媽這有點驚悚，但可以鼓勵腐女們走出櫃子，畢竟腐界人口數也相當於一個國家了，我們根本可以組一支聯合軍以攻君的狼牙棒棒去屌打各國（字面上意義。所以在這阿腐全員腐力蓄勢待發的日子裡，偷偷低調的培養著不怕高調的腐女們，就是希望腐女們能更喜歡自己、更喜歡「喜歡著ＢＬ的自己」、更喜歡「喜歡著身為腐女的妳」的妳的朋友（欸太長！……當然，終極野望就是期許將來可以「一捅世界」啦（無錯字。

Part 1

「基本養成」

——————穩固你的必修課程

十八禁到底有什麼意義

18這個數字是法律的大手一揮，把17歲又364天的你撥到一邊，把18歲又零1天的他撥到另一邊，你們只差兩天，但擁有的權利和要負的責任就是不一樣。

你們能買的本也不一樣。

所以你1998年1月22號生，你就是不能在這本書上市的當天將它帶回家。我們當然都明白你不會在滿18歲的前一天什麼都不知道，然後在18歲的當下忽然被雷打到，然後你什麼都知道，其實你早在9歲那年就知道得一清二楚，結果是隔居老王的兒子到今天都23歲了還不知道。知不知道其實不是父母說了算，不是你自己說了算，這跟命運很有關係。今天若被你發現了老爸偷藏的工口片，你會不會偷看？你當然會。有別於暴力片子可能充斥著血腥和讓你不適的鏡頭，工口片裡的演員看起來都一副很舒適的樣子，你怎麼忍心不看下去？雖然可能還是會有一部分人排斥性的相關畫面啦！但我想大多數人還是會看下去的，像我自己就是這樣（不要承認得這麼爽快）。

滿18歲對每個人的意義都不一樣，有點像是一個里程碑，一種儀式，但也有一些特殊的區分方式。像我，18歲以前的我喜歡偏瘦弱的受，但18歲以後我比較喜歡奶。也就是說18歲以前我看的鈣片都是日本出品，但18歲以後我看的鈣片就都是歐美出廠的了，要大胸有大胸，要大鵰有大鵰……

欸不對，妳十八歲以前看的也還是鈣片啊啊啊！

對啊，所以18禁之於我到底有什麼意義呢？我這句話不是在挑釁全台灣的未成年人，而是發自內心地問自己。

想到自己高一時，因為對DVD電影什麼的一竅不通，跪求同學不管用什麼方法，都請讓我一定要看到《盛夏光年》，結果她老大年輕不懂盜版相關問題、竟迷迷糊糊用FOXY載到了《盛夏光年》。一打開就是一個大叔把一個俊美的小男生從暗巷拐到小房間強姦他一百遍然後又讓另外一個大叔強姦他一百遍的片，雖然開啟影片的當下我和我同學都震驚了，但我們還是把它看完了，還看了兩遍。

再想到我國中時，總是去西門町的誠品買一些很難看的BL漫畫，但就是因為它上面貼著18禁的貼紙，所以封面感覺起來再難看也都還是要買，18禁的貼紙它就是有種魔力，我那時候對18禁貼紙的認知是「裡面有香豔刺激的東西」，而不是「我現在還沒成年所以我不能買」。這真是超糟糕的，不要問我為什麼國中生可以買18禁的東西，店員那時候都沒查我證件，可能是因為那時候（？）民風純樸吧！我絕對不是老成臉，但店員他就是不查證件，我也從來沒有表現出畏畏縮縮的樣子。是說我那時候一直認為我看那個沒什麼問題，就好像你小時候看到《庫洛魔法使》也覺得一切都很自然沒有問題，雪兔和桃矢沒有問題……槓！雪兔和桃矢怎麼可能沒有問題！結果長大後才發現，沒有發現問題才是最大的問題，然後我就成長為一個表面看起來很正直但其實內心有點糟糕的人。

不過說到底你長大後會發現有問題也只是因為你成長的過程中被這麼教導了啊！好像18禁是一件多麼了不得的大事，但其實18禁真的沒什麼的～就好像我之前一直跟出版社抗議我寫的那些內容根本就算不上18禁，連16禁都算不上，頂多15.5禁（欸妳分太細），但是18禁是一種保護我不被有心人士控告的方法，所以就跟你們說了，18禁標籤根本不是要保護讀者的，而是要保護作者的。

讀者並不會因為他未滿18就不去買或看18禁的東西，如果有人真這麼乖我會感到相當奇怪。就算沒教過小孩，自己也曾經是小孩吧？越跟你說不要看這個你就越想看啊！叫你不要做你就超想試試看啊！長輩說你不需要知道，啊你就超想知道啊！還超前知道！

有旺盛的求知欲是好事啊！有一小團火焰在心中燃燒，我認為這才是人類最正常的型態，你越是刻意去壓制，只會導致那股火從其他意想不到的地方竄出來而已。就好像幾年前、那段清水系BL還沒有被貼上18禁的日子，還沒有這麼多女子羽化變成

腐女子，就是因為想買點18禁的東西，結果不知怎麼搞的架上幾乎都是ＢＬ，都不知道是因為ＢＬ才十八禁還是因為十八禁才ＢＬ了，從此一落腐坑不見天，再回頭已幾萬年，若不是ＢＬ不分清水重口的統統都被貼上18禁標籤，腐女子人口至於這樣爆炸性成長嗎？光看這點，一些把檢舉當飯吃而且還吃得很胖的家長要負點責任啊！簡直是21世紀亞洲區台灣盃啟萌運動的無名英雄，真應該要頒給他們諾貝爾ＢＬ獎。

18禁到底在禁什麼？恐怖（包括暴力、犯罪）？色情？其實就是一些大人認為「小孩子不該知道的事」，這當中包含著善意，一種希望這社會更加良善的好意；也有一些是惡意，不想讓你知道大人們在做些什麼壞事的惡意；更有部分的是「不知道那其實不是好意的好意」。他們認為小孩子只需要了解愛不需要了解性，所以不去教導他們如何「性」，當有天他們發現小孩子出於好奇而進行了一場驚天地泣鬼神的性愛之後，再來哭。但真正想哭的到底是誰？他們認為小孩子不行接觸犯罪、不可以碰得一點髒污，所以半點機會教育和細心解說都不願意給，慢慢地在溫室裡培養一朵帶著毒刺的玫瑰，最後在社會新聞裡面的一小角崩潰著泣訴：「我的小孩很乖，都是因為這個社會帶壞他！」真正想哭的是誰？難道這個社會的十八禁限制曾經解開過嗎？難道這些小孩子不曾被限制過嗎？不得不說，這些十八禁條款是弱不禁風的，只有人與人之間的相處和理解才是真實的。情感和教育不是死的，正如同法規和制度不是活的。

所以18禁有沒有必要？我認為還是有必要的，這是包含很多個體的一個群體，是一個社會，所以法規概括整體是必然，即便一百個人裡面有那麼一個心智超早熟，但其他99個人還是有「在看到血腥或靈異畫面後嚇尿」的可能性。不過人有沒有滿18這件事會不會影響他的心智和判斷實在不一定，在我們可以彈性地去控制自己想法和行為的範圍下，不要以成年與否去衡量一個人，更不要因為年紀而去限制對方求知的權利，我認為能做到這些的才是一個了不起的大人。

想想分級制度若分得很細的話

年齡	不應該出現的內容
20禁	虐殺，先姦後殺，再姦再殺／女性生產＆男性變性的影片
19禁	三個人同時肛交／SM／嚴刑拷打／活體肢解
18禁	性交／殺人
17禁	口交／暴力
16禁	打手槍／虐待
15禁	露點（包括兩點、三點、和四點）
14禁	撫摸／高智商犯罪
13禁	親吻
12禁	牽手／怪力亂神的東西
11禁	告白／毒品
10禁	鬼怪／靈異／喪屍／大量出血（不包含月經）／綁架
9禁	搞小團體／勾心鬥角／吸菸
8禁	語言暴力／喝酒
7禁	髒話／搶劫／歧視語言（例如護家盟的言論就千萬不要看）
6禁	遊樂園廣告／賭博
5禁	垃圾食物廣告／偷竊
4禁	任何會重挫父母荷包的玩具廣告
3禁	動物星球
2禁	除了幼幼台以外其他都別看
1禁	生物排泄

為什麼阿腐喜歡看ＢＬ？

到目前為止，大家最喜歡問我的一個問題——為什麼阿腐喜歡看ＢＬ？

但其實就是在問：ＢＬ的魅力是什麼吧？

腐和萌都是不能一言以蔽之，所以說你要買書來看啊！這樣你就會知道為什麼沒有我的少女時代，只有腐女不斷繁衍新的世代。

耽美就像白雲，千變萬化；
萌點就像板塊，時時震盪；
腐女就像種子，遍地開花；
男子就是帝王，萬受無疆。

甲午冬月　摸哥隨筆

超越性別的愛戀（根本性／獨特性）：

不被世俗認同的愛情，跨越了重重難關會讓這份戀情顯得更珍貴。若說異性間的結合是因為得繁衍後代，那同性間的結合不就是單純因為愛嗎！如此美麗聖潔，我想這也是讓眾多腐女癡迷的原因之一吧！

「從前從前，有個王子騎著白馬出現，從惡龍手中救走公主，從此他們過著幸福快樂的日子……」一男一女的童話故事老子聽膩了，End；

「之後之後，有個王子騎著白馬出現了，他從壞皇后手中搶走國王，從此他們過著同性戀的日子……」兩個男人的愛情故事讓老子硬硬der，讚！

「最後最後，有個矮人帶著哈比人出現，矮人被惡龍噴了一口，從此惡龍和哈比人在貝克街過著性福快樂的日子……」一男一獸的同人故事Start!!

人的感官和想法，一直在進化，超越性別意味著更加淒美，更加需要克服重重難關，更加與眾不同，完全贏在起跑點。

層層堆疊的萌點（創造性／延伸性）：

雖然言情小說能像那樣把總裁裡裡外外玩到爛我覺得超厲害，但BL的喪病程度也不遑多讓，幾乎在世界的各個角落各種時空各項物種都能ＢＬ，你想得到的ＢＬ了，你想不到的也ＢＬ了，層層驚喜，多維驚豔。就這樣，整段人生一直保持在絕頂高潮的狀態。心理已獲得大大的滿足，本來大部分的女性就比較著重在情感，在ＢＬ的世界裡待久了，想要再去品嘗現實世界中的一切，就好像喝完手搖飲料然後再去喝水那般無味。

平起平坐的理想（代入性）：

對等公平的戀愛有沒有可能發生在男女情侶身上？這裡只能說：永遠不可能。只要男女生理構造上有差異，就絕對不可能。想壓倒男人？那只能附身在攻君身上了。

置身事外的颯爽（非代入性）：

只要自己出馬感受故事情節的跑動通常都是很累的，尤其一顆心跟著女主角一起上下起伏左右搖晃整個人都要起肖，不如靈魂出竅在故事外面當個全知觀點。身為女人的妳，很難把自己代入進男性角色，這樣一來便可輕輕鬆鬆的閱讀，快快樂樂的回家。不過像我這種一直認為自己是攻君的人，每次看完床戲部分，總覺得自己也被受君榨乾了。

瘋狂做愛的景象（性）：

因為是兩個男人在做，所以不關自己的事；因為是兩個男人在做，可以同時看見兩個男人的肉體；因為是兩個男人在做，所以怎麼做真是相當地神秘。光是想想他們要怎麼做，那天就可以吃得下三十碗飯。BL裡面告白之後有九成的機會就是會天雷勾動地火，不管結局如何都會來上一發，算是相當勵志的。

沒有限制的妄想（奔放性／無侷限性）：

今天的妳，下流沒有極限，所謂夢想激發妄想，妄想牽引出更多妄想。兩個男人如此美好就是妳的夢想，想對他們這樣那樣就是妳的妄想，我不相信妳只想對他們這樣那樣，妳鐵定還想對他們那樣這樣這樣那樣，所以這樣X這樣＝這樣的平方；這樣的平方X這樣的平方＝這樣的四次方；然後這樣的四次方X這樣的四次方＝這樣的八次方……沒完沒了沒完沒了!!但沒完沒了就是腐女們的專長。尋求各種素材和有趣情況的可能性，有些哏可是只有BL時才玩得出醍醐味的。

逃避現實中的戀愛關係（逃脫性）：

跟現實人類戀愛好累嗎？阿宅的戀愛好難嗎？那麼BL絕對是您的最佳歸屬。消耗熱量最少的神交，卻是帶來正面能量最多的一種方式，妳有什麼理由不選擇!!（好像一種賣藥廣告。雖說也有不少腐女是現充*，但現充和二次元充真的是兩回事，女人就是這麼貪心。

讓人愉快的結局（希望性／積極性）：

已經是想躲避外界的不愉快才來這世界尋找愉快，如果還讓自己搞得不愉快那不是很奇怪嗎？所以BL故事大都是皆大歡喜的結局。雖然也是有虐戀的bad ending結尾，但對於有些特殊體質的人類來說，那些就是他們的good ending啊！

父權主義的解體（對抗性／意識性）：

自以前，女性一直都比男性矮一截的感覺。男性沙文主義沒有完全退去的年代是不好的年代，但也是漸入佳境的年代，想比男性更強的希望能在BL上體現，看到男生被壓倒當然是種萌，但有時也是種征服男人的快感，只要有根棒棒，我們就能擊碎這種女性比較卑微的錯誤觀念。

不問性別（隨意性）：

沒有特別去看BL而是單看題材，誰萌就看誰（不管性別派），之所以不這麼糾結性別的原因應該就是——比起性別，性格更重要吧！

*源於日語的網路語言，意指「單憑現實生活就能過得很充實的人」，各方面都有所成就無疑是人生贏家。

新開張的遊樂場（新鮮性）：

以前從沒看過ＢＬ有夠炫炮！將ＢＬ的場域當作遊樂園，在裡頭盡情的放鬆／玩樂／釋放，感受那新鮮／刺激／前所未有，並且，一開始的不易得和稀有性也讓ＢＬ成為自己追逐目標的主要原因，一直到後來終於成癮，再也無法逃離。

尋找自我（可能性）：

希望透過ＢＬ誘發出真正的自我，不管是性癖，還是慾望。對我來說，這比在單車比賽中發現自我體能的極限還要有意義得多了。

腦殘女角的野放（不要異性）：

也就是說受不了有些女角太過笨拙卻又集三千寵愛於一身，時常在前面鋪哏鋪了超久、以煩躁感破表的第一人稱講自己是一個超級醜女又胖又笨，結果一出來根本就長得超級漂亮四肢還像竹竿一樣細到底哪裡是魯妹了！不過很笨這點倒是很中肯……

還有沒提到的花癡部分也讓人很絕望，我明明也很喜歡女孩子的，但我心中的女生們才不是這種沒腦的傢伙啊!!既然作者您要如此，我也只好把男主打包送給男二或男三了。而且這種不要女角只要男角的阿腐慾望，最終帶來了雙倍男主雙倍滿足的結

果，就好像你發現今天中午買的便當裡有妳討厭的菜色，結果老闆二話不說就很阿莎力的把那樣菜給妳換成排骨。

創作者們的外流（追隨性）：

這年頭，別說少年漫畫的作者都偷偷畫著「名為少年漫畫實際上卻是BL漫畫」的漫畫了，連少女漫畫家都直接大方跳槽去畫BL，還表示自己構思了十年之久，其實老師，您可以不用忍這麼久的。

問我為什麼腐？
當然是因為BL能讓我快樂啊！
為什麼會快樂？
因為有肉啊！
大量冰塊盒和車頭燈還有白色液體⋯
超越性別的愛很美麗啊！
人都會不自覺迷戀美麗的事物對吧？
因為不知怎地，喜歡的作家，
全都跑去畫BL了⋯
因為是想像的可以不用負責，
BL是我暫時遠離壓力的小宇宙，
不過沒有壓力也還是照看不誤就是了。
問我為什麼喜歡BL？
因為我爸家教一直很嚴⋯
造成反效果了啊爸爸!!
這難道需要理由嗎？
靠！妳在帥什麼啦！

以上是我認為ＢＬ之所以吸引人的地方，但如果是前幾年的我，或許會覺得喜歡ＢＬ完全不需要理由吧？因為那時我根本就以為自己中邪啊！

妳有考慮過總裁的心情嗎？沒有，因為妳只想到秘書X秘書！

但其實阿腐從來沒有考慮過總裁和秘書的心情，也沒有考慮過阿拉伯石油王和誤入歧途小綿羊（受君）的心情，因為阿腐在腐萬物的時候基本上只有考慮到自己的心情，就算有考慮過總裁，也從來不是他的心情，而只有雞雞。千萬不要覺得這很奇怪、沒有同理心，因為ＢＬ本來就是女性為了使自己愉悅而妄想出來的產物，就好像衛生棉為什麼被發明？因為它被女性需要、被迫切的需要，它就是一個【專門為了女性而發明的東西】，但若是男人想用衛生棉的話可不可以？當然可以啊！不過就是比較少而已，有時候是因為痔瘡流血，有時候只是冬天來臨要孵蛋蛋因為怕蛋蛋會冷。

若神明是應人類的祈禱和思念而生並且在人們持續的信仰中得到力量，那耽美就是誕生於腐女的慾望和願望中，並且在阿腐們持續且瘋狂的信仰中逐漸強化、專業化和普及。

現實中的總裁到底有多少是真正的高富帥而不是十個富人九個禿？為什麼女人老幻想總裁會出現在世界上的任何一個角落?!這是多數男人會問的問題，不管是言情還是耽美，總裁感覺像是便利商店般隨處可見而且還二十四小時營業，在巷口咖啡店會遇到總裁，去南極觀賞企鵝也會遇到總裁，遭遇飛機失事除非妳是墜落在阿拉伯、會遇到石油王改變攻略路線以外，即便妳是墜落在太平洋上的無人小島都會遇到總裁；出門會遇見總裁，睡覺睡到一半身邊會出現總裁，在路上開車會撞到總裁，在公司開

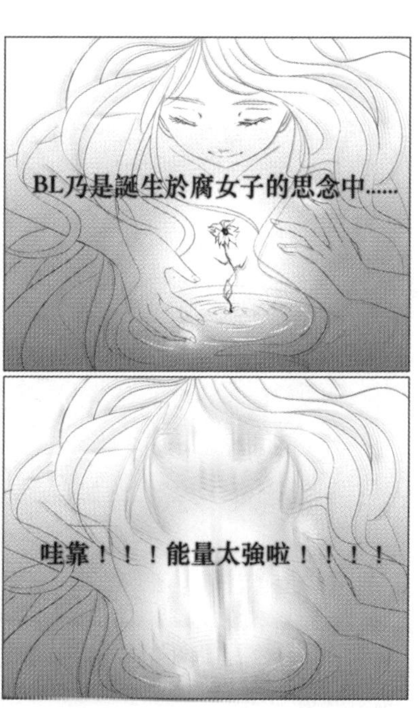

會卻不見得會遇到總裁，因為總裁沒在上班，總裁的職責是在任何一個地方閒逛或被車撞，直到把女主角或受君撿回家，若地球人口有60億，想必其中有10億人口是總裁，當中還不包括穿越到過去穿越到現代還有穿越到未來迎接世界末日的。

大家都知道【霸道總裁愛上我】和【霸道總裁愛上我】其實沒有什麼分別，一個是【愛上／我】，一個是【愛／上我】，女性的幻想除了賣浪漫之外，當然也賣情趣賣肉體和賣感官頂級享受，若男人的A片是千篇一律的奶子和咬咬，那女性在言情中的幻想就是甲乙丙丁戊己庚辛壬癸子丑寅卯申酉戌亥辰巳午未，由天干地支組合而成的多樣變

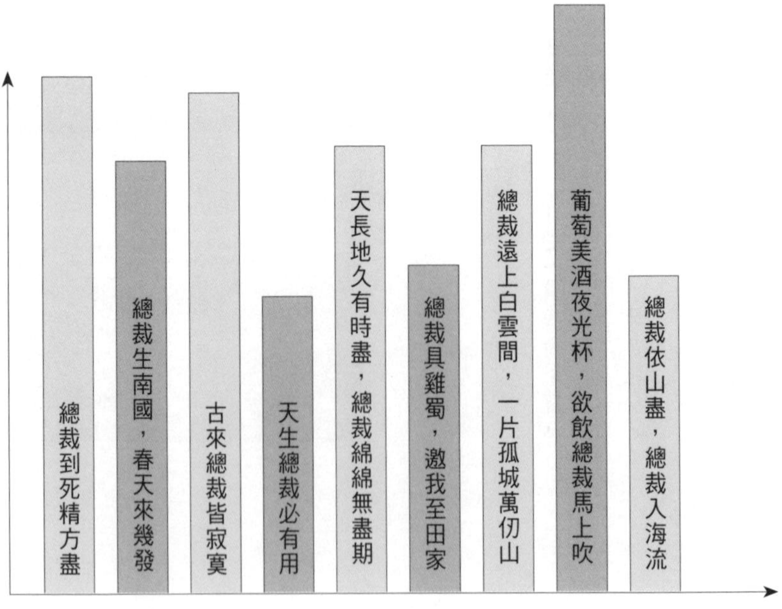

總裁到死精方盡
總裁生南國，春天來幾發
古來總裁皆寂寞
天生總裁必有用
天長地久有時盡，總裁綿綿無盡期
總裁具雞蜀，邀我至田家
總裁遠上白雲間，一片孤城萬仞山
葡萄美酒夜光杯，欲飲總裁馬上吹
總裁依山盡，總裁入海流

化，更別說腐眾將之升級為狎以丙丁勿幾根新人鬼指瞅淫卯深酒吁晦懲飼侮餵（在說什麼！）雖然主角都是男性，但服務的對象依舊大部分是女性。

女性為什麼這麼愛總裁，說老實話我還真的不瞭，因為比起「總裁和秘書」或「總裁與其他人」的組合，我還比較萌秘書X秘書啊！即便是秘書好想加入總裁ＢＬ股份有限公司，我還是堅持我要看秘書X秘書，因為我腐女，我就是任性啊～誰要替總裁的心情著想！今天是我要看ＢＬ，當然一切依我的意思為主！腐女的確尊崇著ＢＬ，ＢＬ很偉大，是ＢＬ養活腐女們，但就根本上來說，沒有腐女也就不會有ＢＬ啊！

腐女懾人之處並不是在於人數眾多，因為比較起來，腐女族群的確算少數，但其中的精銳實在眾多且精神力又特高，如果一個原作作者真的很不想要自己的作品or角色被歪歪的話，唯一的辦法就是把每個角色的每分每秒每毫秒都交代得一清二楚，因為一旦有時間空檔，就會被阿腐趁虛而入、幫你把劇情補完。你沒交代小時候，就會有正太時期摸補本；你沒交代未來，很可能兩位男主角就結婚生子了，不僅不是像福山雅治和千原弟那樣是「各自」結婚，而且還生兩個；你只寫今生，那前世和下輩子就交給我們了；有時候你會用原作狠狠地打我們臉，但正所謂臉被打得越腫就越不要臉老娘就越要寫，就算需要架空、出現一萬個平行世界！

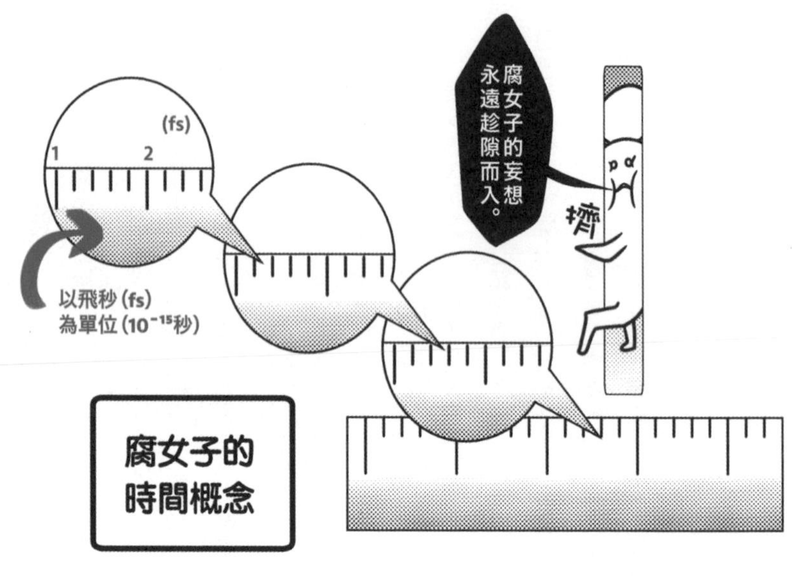

就算斷了一個腐女的幻肢，也還有千千萬萬個腐女的幻肢！除了任性，腐女子更是有著韌性。對，就像箭竹林一樣。而我們堅定的意志如同抓住泥土的根，一旦認定、纏上，就再也不會放開。

天馬行空，然後將天馬行空貫徹到底，變成九百六十個小時的BL鐵馬行。為了自己而造的BL自己看自己爽自己萌，即便沒人跟妳一起秘書X秘書，妳還是有那個權利可以萌，有那個動力可以自己弄。

因為，BL就是專門為妳準備的。

做什麼?!
等等被我倆的秘書任何一方撞見就完了！
別擔心，
我剛剛已經叫他們去我的辦公室處理文件了。
喂…
你停下來啊…
唔
嗯
這裡是老闆的辦公室…
等等他們回來怎麼辦…
他們應該還要忙很久…
沒這麼快回來…
我的老闆沒這麼快

【爸爸的場合】

「婷婷，今天學校放假啊？謝謝妳幫爸爸送便當來。」

「爸爸，我想跟你解釋一下什麼是ＢＬ。」

「咦？可是現在在公司裡。」

「反正爸爸是總裁，總裁可以不務正業的吧？」

「妳從哪裡聽說總裁可以不務正業……」

「好了，爸爸，事不宜遲。」

「爸爸，你看，ＢＬ就是boys’ love，就是幻想中兩個男人談戀愛的浪漫故事。而『腐女』就是指喜歡ＢＬ的女性，這個詞不代表腐女是腐爛的女子，而是從日本那邊傳過來的，算是一個自嘲的稱呼，形容自己喜歡ＢＬ喜歡到無可救藥。」

「喔喔，原來如此。那婷婷喜歡BL嗎？」

「喜歡，超喜歡。」

「好，那喜歡的，爸爸都會買給妳。」

「爸爸，可是萌是買不到的。」

「唔……」

「不過如果爸爸真的那麼想讓我高興，爸爸可以把全世界的BL書都買下來。」

「婷婷，我已經把全世界的BL書都買下來了，妳現在擺了幾本在我面前要做什麼？」

「爸爸，我只是想讓你更了解BL。」

「可是公司的人現在都在往這裡看。」

「爸爸，你可是萬人之上喔！受人矚目是一定的吧……瞧瞧那些小受們看爸爸的眼神，都像是想得到爸爸的寵幸和疼愛呢……」

「笨、笨蛋！說什麼寵幸……那些年輕小夥子就只是崇拜我啊！……等等，小受是什麼？」

「爸爸，小受就是ＢＬ裡的０號，另外小攻在ＢＬ裡也就相當於男同志裡的１號，而爸爸，是總攻，也是總裁攻。雖然總攻和總裁攻只差一個字，卻差非常多。」

「差在哪裡？」

「插在哪裡？插在屁股。」

「我是問差別在哪裡？」

「哎呀呀看看我一下子跳太快了，總裁攻是指『總裁是攻』，是職業；而總攻是指『總的來說，在老子面前沒有人能當攻』，這個是屬性。」

「分攻和受有意義嗎？」

「爸爸，分攻受就是為了要插，分攻受這件事就某種意義來看就是分工，小受貢獻屁股，小攻攻陷屁股，絕不越界也不怠忽職守。『分工合作』的精神一直是爸爸的公司最注重的吧？看看你辦公室裡現在還掛著那標語的匾額呢！」

「婷婷……」

「所以像是當鬼畜攻遇到傲嬌受那場面就會很激烈喔！尤其是小受哭著被幹射的

高潮臉，簡直可以讓我配著吃下30碗白飯……」

「婷婷……」

「還有啊！不是只有書裡的人可以腐，像是現在在場的男士，都可以偷偷的腐他們只要不要被他們發現……靠走道第二排數來第5個位置的那個眼鏡小哥，雖然嘴上不說，但從他衣領的皺褶和手表款式，就可以知道他是個表S實M的悶騷眼鏡受。還有，飲水機旁的斜瀏海西裝大帥哥剛剛在和總機小哥拋媚眼，等等一定就是要進廁所來個幾發了……以及正在掃地的阿北……哇靠我有看錯嗎那隱隱約約從制服下透出來的肌肉線條和微微散發出的男性費洛蒙……根本是個超帥大叔攻啊啊啊啊！爸爸你這間公司是怎麼回事?!職員不分老少、從經理級的到警衛室的狗，顏值都很高啊！這裡是二次元世界嗎?!」

「婷婷……停！求求妳先停一停！」

「？」

「整層樓的人都停下工作在專心聽妳講了啦!!」

【媽媽的場合】

「婷婷，聽妳爸爸電話裡說妳今天去他公司給他難看吼？」

「媽媽，不是給他難看啦！而是爸爸後來臉色就越來越難看。因為他一下子吸收太多新知，結果就消化不良了。果然ＢＬ總結報告還是沒有辦法和年度會議報告相比啊……」

「對啦對啦！妳爸爸還有說那個什麼妳喜歡ＢＬ啦！然後還說ＢＬ是腐女在看的啦……然後妳就是腐女，說是腐女之外還有腐男、腐男不一定喜歡男生，還說了攻時時刻刻都想插受但如果受不給插那就會變成令人絕望的清水系列，還有什麼因為變態攻和變態受戰力很堅強，所以一旦兩人相遇地球一定會爆炸……」

「哦哦哦哦那爸爸了解得很透徹啊！不愧是總裁攻！就是菁英！」

「不過我說那個婷婷啊！妳喜歡看那個同性戀的東西不會變成同性戀嗎？媽媽是不討厭同性戀啦！但媽媽想當外婆啊！」

「媽媽，看ＢＬ不會變成同性戀啦！不然現在妳也變成同性戀了。」

「為、為什麼?!為什麼我會變同性戀？我又沒有看妳那個什麼ＢＬ……」

「可是媽媽妳有在看《瑯琊榜》吧？」

「嘿丟！（台語）」

「媽媽妳還記得妳上次看著看著就說了一句話嗎？」

「我、我有說什麼嗎？」

「妳說，這幾個人真的不是同性戀嗎？妳看他們真的怪怪的喔齁齁齁齁齁……」

「啊素喔?!……啊哈哈哈哈哈哈哈哈哈哈哈哈哈！」

【鄰居小孩的場合】

「婷婷姊姊，來你們家玩很開心，可是為什麼阿姨她從剛剛開始就一直邊看電視邊喔齁齁齁齁齁的笑，那樣好可怕喔！」

「小明你不懂，這是大人的情趣。」

「情趣？情趣是什麼？」

「算是一種快樂吧！」

「會每天每天都很高興嗎？」

「會超高興。」

「所以我只要變成大人我就可以有情趣了嗎？」

「情趣不是那個意思……嗯……不過也相去不遠啦！應該說是你們長大後不一定會從這裡面獲得情趣……但一定會成為我們的情趣。不管是小華，還是小明你，還是這世界上的每一個人，都會。」

「嗚哇！情趣好偉大喔！那我和小華一定要趕快長大，然後帶給大家情趣！」

「嗯嗯！就這麼約定了！」

其實每個人都讀過BL

姑且不論現在的兒童文學中已經混入了很多BL的東西進去（像是No.6＊現在是我心中用來腐化幼童的No.1書選），只要你有受過國民義務教育，你就有受過腐教育。只要你有在上課，你就曾經讀過BL。尤其詩人這種生物就是特別纖細的人種，他們喜歡賞月、喜歡九月九日憶山東兄弟、喜歡兄弟（欸）、喜歡舉杯對影成三人這種好可怕根本是鬼故事的想像，還有就是喜歡做些甜死人不償命的情詩來讓大家想像力爆棚、旁人看我們看起來都像鬼，這些詩人不像是詩人像是要轉行當糕點師。

我的肥宅老妹表示曾經在念到劉銘傳三人的事蹟時，完全忘不了他們三人曾經做過什麼只因為看了我有一篇在教大家怎麼用BL讀歷史的文章，所以說你已經回不去了啊！只要你有腐眼，你屬於普通人視力的那部分大概就會出現嚴重的障礙，讓你再也看不清人類看不見異性戀更看不透自己……但有些東西已經無關腐不腐眼了，那些人自己就是BL人、人體組成不是蛋白質而都是腐你要我說什麼！

＊輕小說作品《未來都市No.6》，已改編動畫及漫畫。

朋友之前為了做作業在網路上查「與元微之書」的時候，下面竟然自動跳出「與元微之書BL」，而且還比「與元微之書 白居易」還更上面！不小心中猴點進去之後，看著看著不知道什麼時候旁邊就出現了「古人BL」，一個一個地點下去，最後一發不可收拾，來來回回看了一圈，唐宋八大家已經淪陷。就像有個學弟想查甬道是什麼意思，結果查完後他寫出來的作文出現了一堆「濕熱的甬道」「緊緻的甬道」……不是，你不要馬上就運用自如啊！作文整個都淪陷了老師要給你零分啊！！

不過作文再怎麼淪陷都不會比這些糕點師用自己的東西讓千萬腐女喘著氣就此淪陷於他們的愛更過。講到〈與元微之書〉，元稹和白居易就是一直拿詩作在調情，恐同人士在上國文課的時候想必已經不是如坐針氈的等級了，而是直接上電椅啊！情話一句接著一句，情詩一首接著一百首，對，就是一百首，然後接著下去是一千首，跟他們的感情一樣，寫個沒完。通過你屁股的電流也一陣接著一陣。古人閒閒沒事做就是一直談戀愛和寫詩嘛！尤其被貶後更是閒到發慌，閒成M、閒成情聖，閒到你的下半輩子裡都只能有我，每一首都要電到你頭皮發麻，可魯來不及供應。

「微之，微之，不見足下面已三年矣；不得足下書欲二年矣。人生幾何，離闊如此！況以膠漆之心，置於胡越之身，進不得相合，退不能相忘，牽攣乖隔，各欲白首。

微之，微之，如何！如何！如何！天實為之，謂之奈何！」（摸哥不負責任翻譯：微之微之，沒見到你已經三年了，沒有收到你的情書也過了兩年，人生有多少的日子呢？而與你分開的日子竟是如此長久！況且我和你之間還是如此如膠似漆的感情！現在我和你距離如此遙遠，就算進一步也還是不能合體，退一步又不能忘記，心裡想著對方，身體卻不能結合！微之啊微之，怎麼辦？怎麼辦？怎麼辦呀?!上天若如此安排一段遠距離戀愛，我們這時代沒有高鐵又能怎麼辦呢？）

你要我拿這段怎麼辦呢白居易他就是豁出去的在寫情書啊！這還只是第一段呢！後面微之微之微個不停，就好像白居易他靈魂出竅一直在元稹耳邊低語，光想到那畫面我就脊椎酥麻到像要癱瘓，能與他ＰＫ的大概只有杜甫對於李白的執著。成功保存到現在的杜甫的詩作，關於李白的就有十餘首，就好像老師要你寫作文，結果你有15篇作文都提到了一個男生，你說大家能不看得出你對那男生有意思嘛！更何況現在有幾十億人都讀過了杜甫小朋友的作品，大家能不對李白那小男生感興趣嗎？

杜甫的每一首詩，在在流露出他對李白的喜愛和崇拜，感覺杜甫在寫這些詩的時候是星星眼睛、玫瑰花背景的，跟「72人移動式後宮」集體崇拜著孔子、愛著孔子一樣，杜甫對於李白的愛是熱切的、是盛夏裡的向日葵，李白就是他的太陽，雖然李白比較愛月亮。

儘管李白詩中提及杜甫的次數遠遠少於杜甫詩中提及李白的次數，但這並不代表他不重視他，而是有很大的可能**李白是一個腹黑攻**。我剛才前面也說了，跟月亮、影子舉杯乎乾啦根本像是鬼故事，但李白他的確就是一個不把世間萬物放在心上的奔放的人，思想和感情上都是，很難想像他竟然會在四首詩裡提到杜甫，就好像一個陽光受每天燦笑（包括被上時燦笑）是正常，但面癱攻一百年才會有一次微笑這也是正常，李白這已經是最大愛情能量的釋放和展現了，後人不要再調侃杜甫的愛情是單向箭頭了好嗎?!合體並稱李杜不是叫假的而是叫甲的，雖然兩人相差十幾歲但是李白並沒有把杜甫當小屁孩、還是很寵著對方的（腦部開始出現幻覺型成像……）我要在這裡正式宣布李白最愛的三樣東西就是：酒、杜甫和月亮先生（欸外遇。

古人除了流行年紀差以外，還有的就是兄弟戀和師生戀了，要說前衛，他們並不會比我們落後，倒是有些現代人的腦袋像是古代的產物，大概就是已知用火，給我好好看看古人們都在做什麼啊！像是曹丕X曹植的〈相姦何太急〉、張良手把手的教劉邦如何〈會忍〉，蘇軾不管門禁硬是要跑去找張懷民……不是，你大半夜的跑去找他幹嘛?!莊子和惠施約會約到橋上超無聊就開始拌嘴吵魚到底快不快樂這件事，吵了半天是不知道魚到底快不快樂，但是魚看你們兩個在那裡打情罵俏看起來很快樂啊！孔子和孟子甚至撇下了移動後宮、逕自上演了穿越時空愛上你的戲碼，想看古代版《憂鬱之朝》的還有韓愈和他的侄子十二郎，是bad ending的那種憂鬱。口味重一點的還有紂王X比干——就算得不到你的人也要「得到你的心」，多麼極致變態的愛。

雖然梁啟超和康有為也是有名的師生戀，不過再怎麼經典都經典不過史可法和左光斗，兩人的相遇說來也是命運般的BL，有誰會為了沒有見過的學生解開自己的……貂皮大衣溫柔的幫對方蓋上還替他掩好門，要是有個老師肯這麼對待自己，別說是門了，連後門都要為對方而開。但說來感傷，雖然兩人情真意切，但終究是個虐虐的結局，史可法流著淚說自己的老師左公是鐵石心腸，但其實是知道老師那不得已才違背自己感情和心意的作法，是心疼的也是心酸的，好複雜的情緒，想想他們的靈魂也離開了肉體很久，應該早就在今世再續前緣了吧！這已經不是BL的力量而是愛的力量了啊！

看BL是一種追求刺激、追求自己很獨特並且這整個世界都很獨特的感覺，一種「別人不知道你在看什麼但你又很想讓他知道你在看什麼，一旦對方靠過來，你又叫他別過來，然後他正準備轉身離去，你一不小心發出了聲音，他轉頭，見你一副欲言又止的模樣，想說你他舅公的到底是要講還是不講，你臉一陣潮紅，抬頭看著對方，在那靜止、時間彷彿停止流動的兩三秒，你的心中有千萬隻草泥馬奔騰而過，並且在極短的時間內完成了『告訴他？不告訴他？告訴他？不告訴他？』的數花瓣摧殘大自然的心理遊戲」，此時對方的忍耐已經要到達極限，就如同你看我這段落落長不知在工三小的話一樣你本人也快要在書前爆炸那樣，終於脫口而出：「我看的是BL。」的超糾結、不知道在糾結什麼但非常符合部分阿腐們當下的心理狀態——在「這世界只需要有我是污穢的！」和「跟我一起墮落吧！」之間糾結；在「好想告訴你一切」和「但還要解釋好麻煩」之間糾結；在「神說神愛世人」和「神說不要把我和其他的神配對」之間糾結。

使人糾結是ＢＬ的魔力，但也是ＢＬ的權利，因為ＢＬ就是有那個魅力。喜歡ＢＬ久了它會使你變得不糾結，地球上的花瓣全被你摘光數光了，你心中再也沒有迷惘，自然也沒有純真。

只有什麼都能腐，只有什麼都想腐。

人類有很多潛在意識都是需要被喚醒的，得要接收到暗示之後，細胞才會吸收能量而有所變化，像我看完《流浪神差》之後，就很想信奉一些默默無名的小神，想要為了祂們而堅持一份信念和維持信仰，雖然一切都是建立在內容物是神谷浩史的前提下。

ＢＬ會改變你對一件事的深入方向，以往你都用眼睛看世界，現在你習慣性從屁眼看世界了……那個我說，不要瞧不起屁眼。一個人不一定要引經據典、講得頭頭是道才叫有深度有內涵，真正聰明的人類可以從小地方或平時一些嘻笑怒罵悟出人生大道理和真章，所以我說從屁眼看世界又怎麼了，用華麗詞藻和光明正派堆砌起來的垃圾它不見得就可以被資源回收啊！

歲月除了是一把殺豬刀，更會把跟ＢＬ無關的東西統統清除，妳真的不是故意什麼事都要和ＢＬ勾勾纏，而是萬物真的都可以用ＢＬ去解釋。很多人都會說「不要只沉浸在ＢＬ的世界中，那會使一個人的眼界、人際和生活變得狹小。」但是我真的很想說他們從本質上就誤會了——不是腐女只沉浸在ＢＬ的世界中，而是ＢＬ的世界根本就太大、已經把太陽系包住了好嗎！千萬不要說地球大於宇宙，科學家們會哭的。

除此之外，BL的魔力也會讓一般人墮入魔道，你不能否認，它就是這麼吸引人。真的有「可以看BL」甚至「喜歡看BL」的「非腐女」，大家不要不相信。雖然一般來說，喜歡看BL的女性可以被稱為腐女，但這當中不乏一些「不知為何但就是不願意承認自己是腐女的女性」「對BL持相當正面的想法和態度，但BL之於自己是可有可無存在的人」，以及「覺得BL文化和腐女文化很有趣的人（多半為男性）」。

某天想去老妹房間偷拿同人誌，
卻意外在抽屜裡發現—
沒看過的同人誌。
在你眼裡
這傢伙！什麼時候買的?!

BL的魔力會使人魔物化或魔人普烏化，這點要務必小心。什麼是魔人普烏化？就是你全身會因為被謎之粉紅氣場包圍而逐漸變成粉紅色的，說是粉紅色的其實也就是逐漸成為肉色啦！你不僅會擁有無限再生的能力，更可以隨時將別人吸收進來成為你的一部分，不管受到怎樣的打擊，只要還有一個細胞存活於地表，就可以不斷再生、不斷復活，堪稱是地表最強生物。但寫到這邊你不要以為都只有好康的角色設定和技能——每個最初型態的普烏都非常兇暴且不具有理性，因為適逢解除封印的時期，身體裡蓄積多年的能量一次釋放，在沒有人協助壓制的情況下，會有不少無辜人類遭到魔人普烏的攻擊。

魔人普烏化還算是比較好的了，至少普烏裡還有善良的部分。如果是直接魔物化那就是連人類的部分都沒有啦！理性再見！良知再見！世界再見！真的十字架都救不了你、吃大蒜也救不了你！就算你吃大蒜把嘴吃得很臭很臭，魔物化的腐女也不會因此打退堂鼓、因此而不腐你，就算你是喜歡跟蹤並誘拐小女孩的變態她也不會停止腐你的，**因為腐「蘿莉控變態」會讓「比變態更變態」的腐女更興奮喔齁齁齁齁！**（興奮地抖動

吶…小妹妹…
忽然
出現
妳喜歡大葛格嗎…
喜歡！
那跟我走吧…
那葛格…也喜歡葛格嗎？
嗯？
我啊…
最喜歡看一個葛格在另外一個葛格體內進進出出了…
怦怦
砰砰
砰
怦怦
吶
葛格是上面的還是下面的……
砰
砰
怦怦
砰

再也不走暗巷，再也不當不良，因為所有的不正當，都拚不過腐女們的魔物化。ＢＬ的魔力如您所見的強大，就是有將迷途青年導回正軌、促進社會和諧、重拾人與人之間信任與依賴的正面力量，你如何能不佩服它！

警察先生…
這個小女孩迷路了……
她在人生的道路上迷路了。
請帶她回家！
警察叔叔受喔！
妳閉嘴！

初心者大哉問

【你問我（同性領域）】

＊**腐女發現很萌的東西時第一個反應或動作是？**

獨自承受這種撕心裂肺的萌、上網寫一些喪心病狂的文章接著將之病毒式的散播、分享給朋友，大聊三天三夜到再也沒有朋友。

＊**為什麼醜受必須受？**

哥看的從來就不是外表，而是內在。同時想要看他究竟可以醜到怎樣的程度，越醜就越可愛，而且想要藉由被上讓他更可愛，因為男人被上時，惹人憐的可愛指數會上升5000個百分點。另外就是純粹自己嗜虐心被激發，這是重點。

＊**為什麼每次看ＢＬ我的屁股就會痛痛的？**

認真的回答：這跟你看ＢＬ沒有關係，大概是有長痔瘡吧？請記住不要久坐、不要拒絕去看醫生，不要拒絕醫生用手指進入你的身體。

＊逆ＣＰ、拆ＣＰ和冷ＣＰ哪個比較慘？

這題無法客觀回答。試問：「點了蔥蛋結果送來小強」「點了蔥蛋結果送來是蔥爆小強&小強炒蛋」和「沒有蔥蛋，只有小強」，哪一個比較慘？

＊我的朋友腐腐的，但他是男的，我要怎麼面對他？

不管你要怎麼面對他，都請不要背對他，不然屁股會有危險……的想法肯定是錯的，腐男不一定是異性戀或同性戀，如果把腐男和甲甲畫上等號，你這個人大概會被朋友畫上叉叉的記號。

＊ＹＤ受是什麼？

直譯就是【淫蕩受】（yin dang）的意思，我猜想大概因為淫蕩受太容易被理解，所以要故意寫成很有深度的樣子。諸如此類的新興名詞越來越多，幾乎是你想到一個什麼然後取羅馬拼音的開頭，它就可以申請被保存成ＢＬ史料了，這風氣真的很自由開放。

＊**如果腐女萎靡了我可以怎麼安慰她？**

很簡單，分散她的注意力，至於你要做什麼來分散她的注意力，那就要看你們的友誼有多深厚了……

【你問我（兩性領域）】

＊**腐女的男友絕對會是腐女意淫的對象嗎？**

要看帥不帥（欸。

＊**老公外遇的對象是男的，腐女真的會給予祝福嗎？**

其實給予祝福只是講好聽的說法，老公外遇了，一般來說都是給予咒殺比較多，如果外遇對象是女的話閹一根，外遇對象是男的話就閹一雙。

＊**會希望另一半是男同性戀嗎？**

請問他如果是同性戀的話，他要怎麼喜歡上我？

＊**那會希望另一半是雙性戀嗎？這樣就可以插他。**

不會因為想要插別人就特別希望另一半是雙性戀，直男也很好，而且直男也可以插。（性別倒錯癖）

＊**雙性戀是不是就等於雙插頭那樣可以插別人也可以被人插？**

不一樣，雙性戀是指可以喜歡上男生也可以喜歡上女生，但是喜歡上男生不代表他一定要被插，喜歡女生也不代表他一定就不會被插，性傾向包含情感，雙插頭單指肉體。

＊**上一題的解釋好複雜喔！如果我聽不懂我還可不可以追腐女？**

可以，只要有屁股的人類都可以追腐女。

【腐女子問卷之與妳自己聊天】

＊年齡？腐齡？性別？

＊第一次發現現實中的同好時，採取的應對措施是？

＊遇過腐男嗎？那時向對方講的第一句話是？
＊曾因為BL而被懷疑過性向嗎？懷疑妳的人現在是否健在？
＊第一次聽到忠犬攻這名詞時，有以為是小狗長著大陽具來插人嗎？是否有類似的經驗（指誤會名詞這件事）？
＊至今主動向多少人表明自己是腐女子？向多少人承認自己是腐女子（被發現意味）？
＊在現實生活中和網路上，是低調型腐女子還是高調型腐女子？還是一下子高調一下子低調？（是精神分裂嗎）
＊真要說起來，算是通吃型的還是專一型的（指領域方面）？
＊有無CP潔癖？會對雷CP或逆CP產生攻擊慾望嗎？
＊至今遇過（有關於BL或腐）最崩潰的事？
＊承上題，那麼最開心的事呢？
＊還記得自己看的第一本同人誌CP是？
＊性癖的守備範圍是？（例如：「先上後愛」二壘安打，「硬上」總是盜壘，而竹馬竹馬總是全壘打。）
＊看過覺得最神奇的劇情？（例如：攻君縮小後用「自己」抽插受君之類的）
＊如果今天妳進入到BL的世界中看到一對攻受，妳要選擇加入還是在一旁觀看並

成為技術指導？

＊求學時期參加過的社團是？如果再給妳一次機會重選，妳的選擇是？

＊如果男友和前男友同時掉進海裡，妳會把他們配對嗎？

＊承上題，那如果男友和弟弟掉進海裡呢？

＊自我評估後覺得自己應該算是什麼等級的阿腐？例如：毀天滅地閻羅王等級酷炫狂霸跩腐女子（欸，太長。

＊決定和一個人交往前會告訴對方自己的嗜好嗎？那性癖好呢？會不會想要在另一半身上實現性癖好的夢想藍圖？

＊如果只能讓妳推一個作品就要使對方一發入腐魂，妳會以哪個作品決戰紫禁之巔？

＊最常出沒的地方？（不限二三次元）

＊有無親人也是腐眾？

＊比較喜歡純純的愛還是暴烈的愛，又或者是暴力的愛？

＊有聽過鬼畜眼鏡嗎？想要一副嗎？

＊覺得文組的女生真的有比較腐嗎？

＊覺得腐不腐跟星座血型有關嗎？

＊常聽到周遭的人說自己無可救藥嗎？

＊如果現在有個可以改變性別但沒有任何副作用的技術，但是一旦改了就不能再變回

女生了，妳會選擇變性嗎？又如果真的有下輩子，會想成為世界上哪一種性別？如果ABO＊的世界觀設定不算進去的話。

【那麼換我問妳了，以下是一些些謎樣的測驗。】

＊桌上有一幅圖，圖中有一名男子倒臥在路邊，出於直覺，妳認為圖中的男子遇到什麼事情？

A—他是一名旅人，因為遇上盜匪而被洗劫一空。
B—他是一名流浪漢，因為喝醉了躺在路邊休息。
C—他是一個失意的人，因為公司破產而失魂落魄。
D—他是一名美男子，因為遇到山賊，本人被洗劫一空。

＊看完那幅圖後，妳的第一個反應是？

A—為故事寫下後續。
B—接著配上插圖。
C—裝訂成冊，上網販售。
D—舉辦主題 only。

＊複雜程度不亞於《魔獸世界》的虛擬世界觀，也許會再在 blog 與大家詳加解釋。

＊如果有一天，妳創作的那些後續忽然都不見了，妳覺得是發生了什麼事？

A—難道他們從我筆下活過來、到了這邊的世界來遊玩了嗎?!

B—這一定是神的指示，神不滿意我現在寫的結局，只好再另外寫個30條路線了。

C—這是……幽靈哏!!

D—為什麼我就是學不會停電前將檔案存檔。

＊有一天妳走在街上，忽然迎面而來的一個陌生男子跟妳告白，妳的第一個反應是？

A—詐騙集團！

B—長得比較帥的詐騙集團!!

C—如果來兩個才真的會被詐騙。

D—來幾個我都不在乎，反正我不是地球人。

＊如果有一天回到家打開房間的門，看到有三名男子躺在妳床上，基於直覺，妳當下會？

A—拿出麻將。

B—開始拍照。

C—幫他們把體位喬好之後開始拍照。

D—總之先睡一覺、冷靜一下再說（床呢？

E—沒有報警這個選項，因為警察來了的話，第一個被帶走的人會是自己。

＊承上題，媽媽打開房門，發現妳房間裡有三個男人和妳，妳的第一句話會是？

A—「媽媽我要吃飯飯！」

B—「媽，我的朋友也要一起吃飯飯！」

C—「媽，我們在討論三個男人如何多元成家。」

D—「媽不要打擾我獨處啊……」

＊承上題，媽媽不僅打開房門，而且還進來妳房間坐著了，請問媽媽在做什麼？

A—和你們一起為多元成家的事傷腦筋。

B—和你們一起為麻將不能同時五人一起打而傷腦筋。

C—為了該打麻將還是玩大老二而傷腦筋。

D—為了怕自己的女兒想玩大老二Ｘ3而傷腦筋。

E—為了不知道該玩哪一個大老二而傷腦筋。

＊承上題，弟弟回來了，而且還進來妳房間坐著了，請問妳和媽媽會怎麼做？

A—退出房間。

B—退出房間。

C—退出房間。

D—退出房間。

＊退出房間後可以做什麼事情？

A—喝下午茶。

B—搬張椅子坐在門邊聽，邊喝下午茶。

C—打開監聽設備，邊喝下午茶。

D—打開房間的防盜針孔攝影機，看弟弟和男人們如何喝下午茶。

＊等到大家都喝完下午茶後，妳和媽媽可以為弟弟做些什麼？

A—請他們進去繼續喝。

B—拍拍弟弟的肩膀告訴他「你現在已經是個真正的男人了……」

C—準備喜餅和喜帖。

D—擇一黃道吉日準備多出三個兒子。

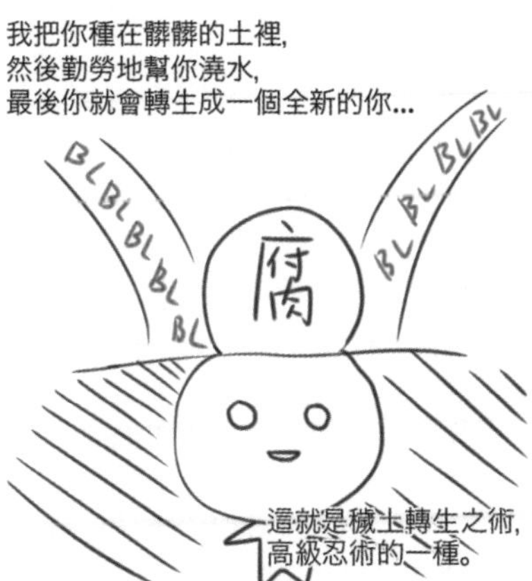
我把你種在髒髒的土裡,
然後勤勞地幫你澆水,
最後你就會轉生成一個全新的你...
BLBLBLBLBL
BLBLBLBL
腐
這就是穢土轉生之術,
高級忍術的一種。

Part 2

「進階養成」

——————通識你的選修學分

天啊！
妳真是我看過最美的人了。
請問妳願意做我的王妃嗎？
我不行當你的王妃。
噹
噹
噹
噹
噹
噹
而且我要回去了！
欸？
我得回去了！
噹
啊！
噹
抓
噹
啊！
噹
噹
噹

原來是個貧乳才害羞的嗎！
猛吸
不過沒關係的，
不管圓的扁的我都愛啊！
我會接納妳的一切啊！
噠噠噠噠
噠噠噠噠
噠噠噠噠
噠噠噠噠
噠噠噠
叩嘍！
好險…
而且竟然還把我的胸墊抓掉了…
過了午夜竟然長了點鬍渣出來
那個天然呆！

這個充滿魔法的世界，讓踩著玻璃鞋奔回南瓜馬車的灰姑娘，在午夜12點的鐘聲之下，並不是變回身著破爛衣裳、手拿掃把的少女，而是穿著男裝、擁有屌的超級美少女，又或者是你可以直接稱呼他為風吹過來時會「屌得飛起的美少年子」（咦。

偽娘不算是新興族群或概念，但偶爾出門放風時，也是可以看到被偽娘驚嚇的婆婆媽媽們臉上帶著彷彿在台灣上空發現天空之城的表情。如同前陣子我老媽從樓下咖啡店上來時，她用一種我只有在她中樂透時才會看到的表情和激昂的語調跟我滔滔不絕，完全不讓我有喘息的機會。

「妳知道嗎！剛剛樓下有兩個好漂亮的女人!!」

「媽妳不要因為在我們家從沒看過漂亮女人就這麼激動好嗎……」

「不是，妳聽我說！其中一個！她那個腿！真的超白超直超美超勻稱!!」

「媽妳不要因為我最近肥了就這樣刺激我好嗎……」

「他那個腿!!簡直比女人的腿還要美!!」媽媽尖叫道。

「原來是男的嗎!!妳倒是早點說啊!!」女兒尖叫。

母女兩個全程用馬景濤式吶喊萬用組圖的表情在對話，只因為我老媽買咖啡時看

到了她有生以來第一次見到的偽娘，而且第一次見到的就是人間極品！對比已是中年老男人的我爸完全已經提不起她興趣的那光景，老媽被女裝美男子震懾住的那個臉，實在是太好笑了太感動了，「母女連心」這詞就是為了這一刻而造的，我差點就拿我媽的臉去嚕影印機的玻璃檯面、把她當時的表情印成家訓兼傳家之寶。她一邊驚豔著那男子的臉簡直比名模還要漂亮，完全不顧身為女人的我當時的心情……是那麼的興奮！一邊稱讚著對方的藝術指甲做得真是好看又自然，用來襯托美男子標緻的臉龐和姣好的身材是那麼理所當然，講得好像對方的指甲天生長出來就會長成上面有圖案和水鑽一樣!!要不是男性天生的骨架和無庸置疑的男聲暴露了對方的性別，我媽會以為是一對美少女蕾絲邊情侶在咖啡廳裡調情。

我從來沒跟我媽談過我的擇偶對象有偽娘這個條件，而且底褲一定要穿最性感的，這樣才能在風吹過來把我男人的裙子掀起的時候，他裡面也能屌得飛起讓大家一覽無遺，而我會在一旁邊盡情攝影、邊與有榮焉，因為整條街的性感度都被他拉高。本來呢，是懼怕媽媽可能也會是個傳統保守而堅持一對情侶的兩性氣質必須一個剛強一個柔弱的人，但現在看起來一場偽百合應該也是沒問題的了。

不過可不要誤會每個偽娘都只有陰柔氣質喔！在我看來，他們倒比較像是「在什麼位置，有什麼表現」。而且還做好、做滿。今天他要扮成嬌小的女生，他就變得小鳥依人、楚楚可憐；他要變成酷帥狂霸跩的大女人，他就讓自己充滿野性；如果他要扮演小男人，他就溫和有禮；如果他想扮演超級漢子，他就用陽剛味撐起自己。沒有固定的性別氣質，沒有刻意討好的族群，沒有一定要怎樣，但是「一旦我想成為怎樣的人，我就會盡我所能幻想並實現！」我認為這是偽娘的勇氣，也是他們的特質，亦是這份看似在顛倒中的平行世界、但實際上就在我們身邊的美不停地震盪著我的上面和下面（欸變態），使我為他們著迷。

所以，「偽娘就是娘娘腔」「偽娘就是男同性戀」的種種印象是不對的，也是有很多直男有女裝癖，而他們單純只是因為想要欣賞美麗的事物，有可能就是這麼剛好，剛好自己的腿是自己的菜，那穿一下裙子、自己欣賞一下自己也是沒有關係的啊！我想現今社會還沒有太多偽娘只是因為他們的女友怕自己的另一半打扮起來比自己更美。但怕什麼呢少女少婦們！男友或老公哪天比自己美的話，妳就穿男裝帥過他啊！避免正面衝突可以為這個社會帶來多一點的和諧和美感，而平凡的生活裡也能增添一些刺激和品味，何樂而不為？

底褲の狂氣

像我就真的很期待哪天可以在早晨另一半醒來時，比淡金色的陽光落在他身上還早、便在他額頭印上一個輕吻，然後比替自己穿上內衣還早、便溫柔的幫他戴上胸罩、穿上整條街最性感的底褲，並把雙手伸進衣物和肌膚之間調整內衣褲的位置、好藉此感受他的光滑水嫩和吹彈可破，申明一下：這不是痴漢，這是愛。接著我要嘴巴邊吃早餐眼睛邊吃冰淇淋地看著對方用貓一般輕的動作替自己化上淡雅而不失俏麗的完美妝容、看著他為了自己的興趣嗜好受到身邊人支持而打從心底高興和欣慰，我要看著對方純粹的笑容。

我不要為了世俗眼光而走，我要我自己和我所有喜歡的人順應自己內心和性感底褲而活。

15 歲前的性癖

20 歲後的性癖

（約有 196 項被省略…）

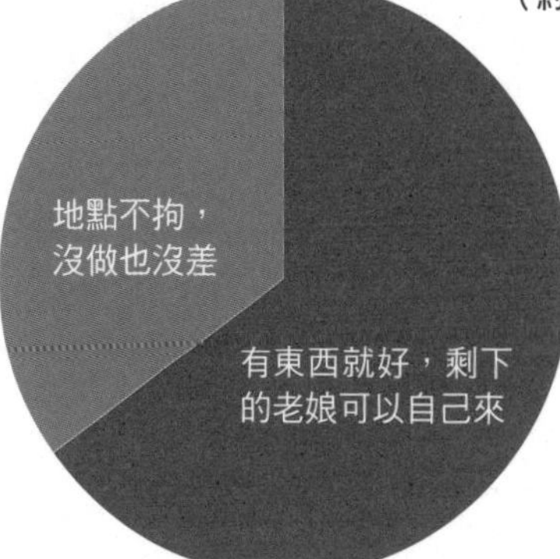

40 歲後的性癖

性癖雖然叫做性癖這種感覺不太光彩、不能站在樓頂大聲吶喊其內容的名稱，但放在妄想中就是個浪漫，H就是正義！性癖就是正義!!二次元就是正義!!BL就是正義!!在這裡公布一些不能說的性癖，就是希望大家能勇於面對自己未知的渴望、戰勝羞恥，反正這本書也已經十八禁了，老娘已經勇者無懼。

家暴（毆打的浪漫）：

把對方打得咪咪貓貓（台語），再把他上得咪咪喵喵（台詞），接著以上循環～

見血見肉（開膛剖肚的浪漫）：

已經不是單單用棒棒戳你直腸了，而是從直腸到大腸、大腸包小腸，十二指腸統統都變成脆腸擺在餐桌上，這種想要把你吃掉的字面上意義，非常浪漫（暈眩。

悲戀（絕對沒有好結局的浪漫）：

悲戀總是最美，因為，總有人是M（本身是抖S，完全不想去體會悲戀那種揪心到要喊救命的醍醐味。

虐戀（沒有一段是美好的浪漫）：

虐戀是千刀萬剮，因為大家都喜歡邊看邊叫，邊在地上打滾，全身冒汗好像紫薇被容嬤嬤拿那千百根針戳刺，這肯定是抖M了。

NTR＊（被搶走的那方也是有快感的浪漫）：

腐女就已經是在旁邊看著別的男人上自己男人了，現在更是進一步地看著「別的男人看著別的男人上自己男人」（又是超複雜的一句），感覺像是吃千層派一樣，一輪一輪又一層一層地刺激味蕾，相當不錯啊～

NTR live版（加碼）：

不只自己男人被睡走了，被強迫在現場看這被睡走的過程更是刺激啊～可以在這麼近的距離看到自己喜歡的人被強姦根本是搖滾A區1號超棒!!（問題發言

NTR現場雙人版（再加碼）：

除了看自己男人被睡的臨場感，自己也一起加入被睡的行列。和心愛的人兩個人一起現場被睡，簡直4D電影院！真心可遇而不可求的了～如果是兄弟一起被睡，那大概就是上輩子有燒好香。

＊日文寢取られ（ne to ra re）的縮寫，原本指自己的對象被別人睡了，現在則演變成指橫刀奪愛或是強暴。

你想像一下路人X攻X受同時進行的畫面…

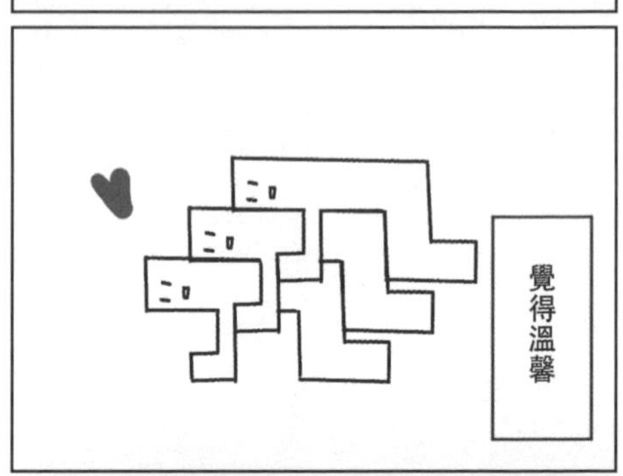

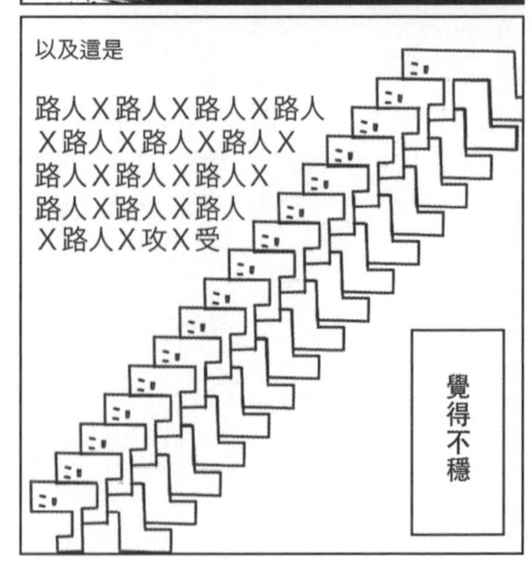

淨化式性愛（讓我的棒棒來抵銷他棒棒帶來的髒髒）

通常接續在前三項的後面，在被別人ＮＴＲ、肉體和精神都受到一定汙染後，再由正牌男友來進行一場大規模的洗滌，用精液。

就是不上你（挑逗的浪漫）：

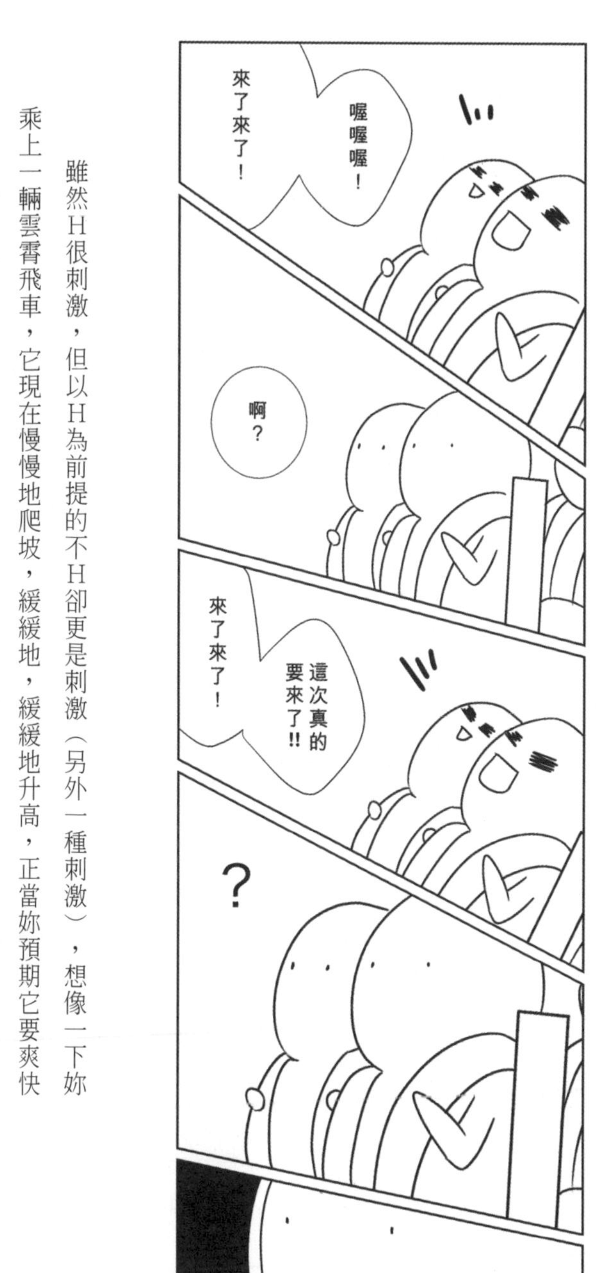

雖然H很刺激，但以H為前提的不H卻更是刺激（另外一種刺激），想像一下妳乘上一輛雲霄飛車，它現在慢慢地爬坡，緩緩地，緩緩地升高，正當妳預期它要爽快地向下俯衝之時！………雲霄飛車，又他媽的開始爬坡了。大概就是這樣的感覺。

愛你愛到恨不得殺了你（扭曲的浪漫）：

活的人很難操控，那麼死的人呢？愛到極致是放手，極致的愛卻是讓你手一攤、腿一伸就離開人世了。對方並不貪戀你的體溫，更不會想趁你還是熱的時候來一發，因為比起炙燒握壽司也是有人偏愛沙西米；就算你離開人世了，他卻依然離不開你。

就是不愛你（心理折磨的浪漫）：

假的不愛你叫傲嬌，真的不愛你叫拒絕；肉體可以給你，但從頭到尾都沒惦記過你，H的時候心裡想的也不是你，真是超不專心的給我去走廊上罰站！

破處（處男是腐女的浪漫）：

處男有三好——很緊、會叫、不耐操。但越緊你就越想開搞，越會叫你就越想讓他一直叫，越不耐操你就越想一直操，總之就是一直操他就對了；處男就是魔性男，處男未經人事的那種羞澀感真是讓人欲罷不能，不需要處女膜也能讓人亢奮一整晚。

女性的現場觀眾（被女孩子看的浪漫）：

譬如A硬上B的時候，B的女友在旁邊看著，或是B喜歡的女生就在旁邊看著，這跟第六點NTR live版絕對不一樣，「男女有別」這話不是沒道理，受君的屈辱感和阿腐因此所獲得的快感一定是不同的。

不尋常的生理現象（生理構造錯置的浪漫）：

平常自己在換衛生棉的時候不會有任何反應，但如果是男生來ＭＣ就會興奮到不行!!…………嗯，是說男生不會來ＭＣ。但跟攻君約會到一半卻經痛的受君好萌這是怎麼一回事！如果是攻君來月經也不錯喔！兩人一起也很不錯！

我一直覺得BL創作就是作者們的性癖交流大會，每一個BL故事都是由該作者的萌點所集結起來的，為什麼BL會萌，因為性癖和劇情相互激盪得很精采、展現得很成功。這樣講不代表我瞧不起BL創作，相反的，正因為自己也是其中一員，所以我一直覺得腐女真是有夠奇妙的生物，僅僅為了向別人展示自己引以為傲的性癖，而熬夜一整個月去生產小薄本，只求勾搭到相同喜好的阿腐。

性癖到底有多神奇？如果說腐女的交誼建立在同步率上，那萌點和同步率大概就是建立在性癖上了（R18的部份啦）。像我本來不萌《銀魂》裡的銀新，但就在看到阿銀用壓倒性的力量將新八機的頭K向牆壁後，我忽然覺得哇嗚新世界!!超萌!!果然CP的形成還是要講究天時性癖人和啊！凡事總有意外，但性癖的產生絕對不是意外。

笨蛋！
為什麼要來救我?!
放開她！
有本事衝著我來！
這話可是你說的喔…
哦？
逼近
你你做什麼?!
啊不要…
呃
哈啊…
不…
竟然做出…
做出這種事…
嗚嗚嗚…
嗚！
啜泣
啜泣
對不起…
都是我的錯…
這不是妳的錯…
嗚嗚嗚…

還痛嗎？
下次別再說什麼都衝著你來了…
知道嗎…
讓我幫你看看後面有沒有受傷得很嚴重！
別…
來！乖乖脫掉！
不行啦…
再稍微抬高一點。
啊
好羞恥…
放眼望去,
身邊之人,
不分男女
盡是色狼...
沒有什麼好悲傷,
只怪你生為白馬王子
活在這世上。

為什麼妳在聽到「好緊」時會大興奮

因為妳就是個變態啊這還用問嗎！（抽菸）

但是說妳變態並不是在罵妳啊妳要知道，因為變態是人的本性，只要是人都會有變態的一天和一面，妳現在看到妳鄰座的同學或同事會覺得她們比較不變態那是因為有條無形的線綁在她們的關節上，時時刻刻暗示她們的一舉一動該怎麼做、無時無刻不在提醒她們不能太變態，因為太變態會得不到男性生物的青睞。甚至她們現在看妳，其實也覺得妳是個不變態的人，也就是說她們還沒有察覺到妳的變態，因為人人都會偽裝嘛！再重申一次，變態是人的本性，只在於周遭的人有沒有察覺到而已。

而妳的變態，只有我知道。

男性在聽到「好緊」時，也是會興奮的，「好緊」除了意味著在通道裡做著簡單而和諧的運動時，物理方面阻力變大於是摩擦力也跟著變大所以會變得很舒服，「好緊」通常還表示當事人是個未經人事的virgin，沒有被開發過的地帶會使人興奮。男生的這點想法其實女生也會有，並不是「女生想要變得跟男生一樣」，而是女生本來就是這樣，只是被一些語言和性別框架限制住了。如同男性向裡頭有很多母豬本，其實ＢＬ裡面也有很多蕩夫本，當在發現受君和女主角一樣都會噴水時，腐女某方面是比一般男性還要興奮的，所以在聽到攻君低語著「好緊」時，彷彿自己正在受君的裡面，同時感受著受君的緊窒，但更多的部分則是因為受君的青澀而絕頂興奮，這是男生女生根本的不同，我們除了重視高潮的下半身，我們還注重攻受兩人的高潮臉。

有些出現頻率高到可以作為ＢＬ十大金句被頒發獎項的鹹濕語句，之所以屢屢被使用不是沒有原因的，禁忌、情慾為主體的ＢＬ若沒有了這些經典台詞提味，就會像沒有了蔥花的蛋炒飯。更別說為了時代的創新來刻意反其道而行，比如說：

「你的裡面好緊……」改成
「你的裡面好鬆……鬆得不得了呢……」

「看看你，都已經那麼濕了……」改成
「看看你，都這麼乾……」

好厲害喔！
原來這就是受君的裡面啊！
嗚嗚…
不行了…
要射了…
要射了唔…
嗯♥
啊……

「求求你……不要這樣……」改成
「拜託你……來啊！」

「不行……我不行了……」改成
「還行……我還行呢……」

「想要的話……就求我……」改成
「快說想要……算我求你了……」

「唔……嗯……啊嗯……」改成
「嗯！啊！嗯！啊！嗯！啊！」

「身體放鬆一點……不然我進不去……」改成
「夾緊一點……不然我要滑出來了……」

「那裡……那裡不行……」改成
「這裡！就是這裡！」

「你怎麼……你怎麼又變大了?!」改成
「你怎麼……你怎麼又變小了?!」

「啊……好舒服……（高潮臉）」改成
「啊啊……（平淡臉）」

……這真是！完完全全的不行呢！（瞳孔放大

就連「此時此刻，在不能說明的氣氛下，兩人的呼吸開始變得不能說明，小華脖子以下不能說明的部位也正在不能說明地不能說明。見到了這樣不能說明的小華，小明也難耐的不能說明了起來，對著小華脖子以下不能說明的部位進行不能說明的動作，除了用他脖子以下不能說明的部位去磨擦小華脖子以下不能說明的部位，更空出了左手在他脖子以下不能說明的部位繞著圈，這逼得小華洩出了一點不能說明的叫聲，就這樣解放在小明的手中……」這種完全沒有說明到的句子都能讓腐女們萌得不能自已，這證明了話多不如話少，話少不如BL十大金句啊！別一味的想著另類創新了，只要提到兩腿間的XX，不管XX是什麼，腐女總是有辦法瞬間意會的，例：

兩腿之間的青芽。（一種很淡然的情色，文青寫法）

兩腿之間的蘿蔔。（一種很直白的感覺，而且還很生活化）

兩腿之間的水箭龜。（毫無疑問是小智寫的）

兩腿之間的慾望。（連擬虛為實都出來了）

還有——「迪克的雄偉」！

迪克很雄偉，大家都知道，而迪克是誰並不重要。迪克只是一個男人，一個再普

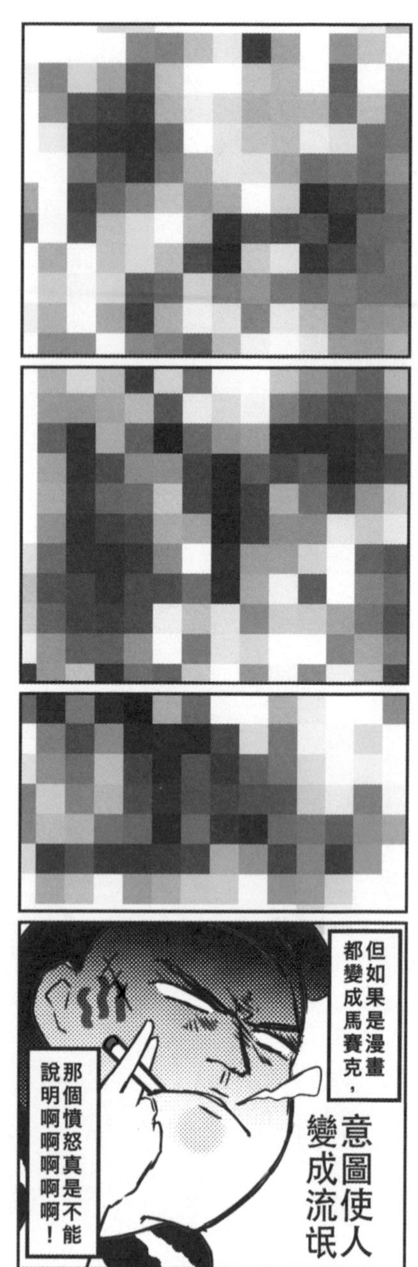

通也不過的男人。迪克身上雄偉的地方明明很多，像是迪克雄偉的臉龐、迪克雄偉的肩膀、迪克雄偉的氣勢。但只要一提到迪克的雄偉，所有阿腐都會把目光聚焦到迪克最雄偉的那個地方直到它燒掉。

不如說是你講什麼正經的東西，在腐女腦中都會變成歪的。若說BL的好處就是可以盡情內射（不怕懷孕），那文學的好處就是可以盡情BL吧（怎麼看怎麼懷孕）！不過也是要搭載四核心高速運轉的腐女腦就是了。看看BL的十八禁漫畫如果不能說明的話，幾乎整頁都要打馬賽克了那老娘還看個毛！連陰毛都看不到！

棒棒這種東西相當主觀，當妳準備好要讓別人看妳用圖片呈現心中的棒棒時，棒棒就非得要栩栩如生，一舉一動一顰一笑要生動得像是在畫面中散步、隨時會從裡頭彈出來一樣。上次跟朋友在半夜趕稿，兩人討論到美味棒該怎麼畫時，她跟我說她都畫不出來，通常就白白一根那樣，我跟她說ㄐㄐ這麼白妳以為妳在上演《星際大戰》嗎！如果白色

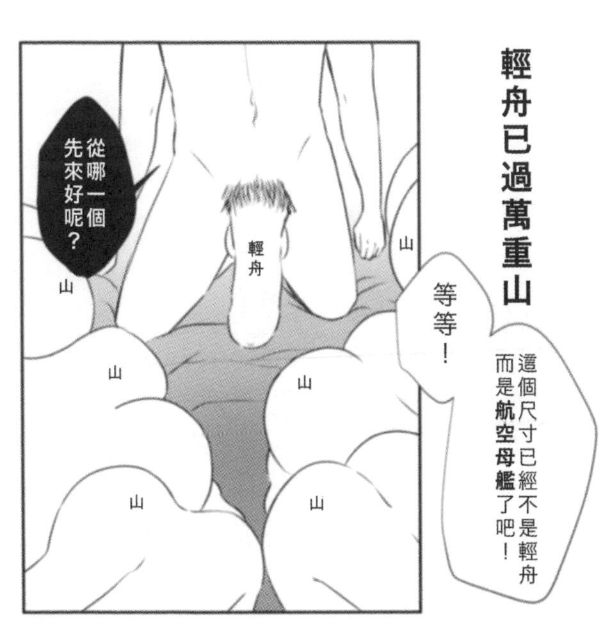

ㄐㄐ流行起來，人家會以為Anakin和Obi-Wan是拿著ㄐㄐ在幹架！（並不會）

只能說看ㄐㄐ和畫ㄐㄐ是兩碼事啊！

但描不描寫ㄐㄐ都是同一回事喔！（沒有這種事。

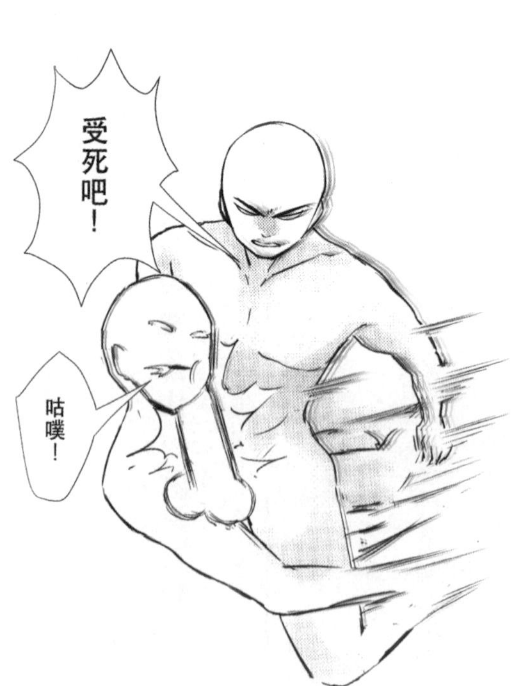

妳朋友以為不萌的萌

隨著腐腐的大家越來越外放（明目張膽），外界對於ＢＬ的了解也越來越多、接受度越來越高，且慧根處於發芽的狀態，感覺再幫他們施點肥或加點水就會長成傑克的魔豆樹了（並不會。一般人「多多少少」可以理解哪一個畫面、哪一種情節，會讓阿腐們萌起來而哪一個不會，真是可喜可賀。

話雖如此，但ＢＬ之所以深奧，就是因為ＢＬ大神會篩選靈魂，你要說我中二或排他也好，但我真的認為ＢＬ看的不是智商而是電波，早期電波比較不容易傳遞那是因為科技並不發達，現在科技進步，一些比較收不到的訊號也不再總是信號區外了。不過，即便不是訊號外，收訊也通常是呈現一格半格……半格一格的電波你可以接收得到嗎?!接收到了能接收完全嗎?!接收完全能完全接受嗎?!（欸是說接不接受已超出本篇討論範圍外，~~而且阿腐也沒在管別人接不接受。~~）

如果一個區域的每個地方都是呈現收訊爆格的狀態，正常人還不得腦癌嗎！所以收訊不均鐵定是正常的，也比較健康。所以，若沒有搭載阿腐牌BL電波偵測器，除了很有可能會遇到「硬推的腐不是腐」的情況……還有另外的可能就是——滿地都是腐你卻打著LED燈也找不著～

所以就讓我們先來回顧一下外界人士稍微可以判斷出來的萌吧！**【此為收訊滿格之A區】**

【對視】

對看有很多種看法，不管你怎麼看，都要發自內心的看進對方的眼底去，就連不看！對！就連不看對方都是一種看，怎樣個不看法也是很重要的，看要看得對方從外面熱到裡面，又或者是從裡面涼到外面，又或是看得他一下冷一下熱、像是冰火五重天。眼睛是靈魂之窗，你一定要看得像是為對方獻出了你的靈魂啊！那如果你眼裡根本沒有靈魂，我要如何為了你們出賣我的靈魂?!

【互摸】

摸！早上互道早安後……摸！下樓梯時轉個身又是……摸！上廁所完沒有洗手又是……摸！欸摸摸很好，但摸摸太多感覺整個空間要變成摸摸茶，這種A的手和B的臉相互親熱的鏡頭會不會給太多?!我今天要看的是A&B，不是手X臉啊!!

【言語調情】

「你超美。」

「……」

「你超級美。」

「……」

「你超……」

「你閉嘴!!」

【獨處】

「小明。」

「有!」

「老王。」

「有!」

「好,班上同學都到齊了,你們兩個自習吧。」

「……」

像這種點名只有兩個人到的情況,很明顯的班導都已經放棄他們倆,這種情況也只能刎頸自盡或**吻頸吻到情不自禁了**。

【開口閉口都是你】

你就是我的唯一，怎麼會這麼帥氣，儘管世界都變心，不提你談何容易。但真的好煩啊你可以閉嘴嗎？可以不要一直叫我的名字嗎？可以不要一直跟在我旁邊嗎？生活重心不要只有我好嗎？可以不要拿沾了我的血的手帕去廁所吸啊吸的好嗎？不要再吸了好嗎!!自己去女廁撿好嗎！這世界的癡漢已經很多了，不要再製造變態了

接著就是，外界人士多半會忽略的萌（如果你可以看出來了，那你已經半個屁股在這圈子內了非常恭喜你。）**【此為收訊一格之B區】**

【吵架】

人類的情感交流不只建立在體液交流上，更是建立在情緒的表達上，不管是正面還是負面，越激烈的情緒通常能引發出越激烈的基——（拉長音）。欸！給我真吵喔！假吵我們是看得出來的，假吵如果吵不出情趣那乾脆不要吵，吵架那就要吵得轟轟烈烈的，最好**大幹一場**之後**再大幹一場**！「床頭吵床尾和」，整個世界都是你們的床。

【暗殺】

與【死對頭】不同的是【暗殺】無法得到即時回饋，死對頭真的是闔家觀賞的溫馨喜劇，至少球丟過去還會再被丟回來，而且對方還是以全力反擊……有什麼比這個更開心的事！相比兩個巴掌拍來拍去啪啪作響暗殺就只有一個巴掌，但你以為一個巴掌拍不響是吧？……錯！還可以拍對方的屁股啊!!（欸性騷擾。單方面的暗殺、仇視也是很萌的，這種想殺掉你、只想殺掉你的心情，就好像在說：我這個槍兵存在的意義就是為了要捅你。

【小丑魚躲在珊瑚礁裡】

不是小丑魚真的躲在珊瑚礁裡，這是種比喻，當然你要覺得小丑魚被珊瑚礁觸手play的畫面很萌那我也是一起萌的。比如小職員躲在大老闆的保護下，比如小蝦米躲在大鯨魚底下，比如小正太躲在大哥哥的腋下，不管是從畫面上來看，還是抽絲剝繭出他們的層層信賴關係來看，這種一方交付自己全然的信賴與依賴、另一方保護慾望和宣示主權意味濃厚的行為真是怎麼看怎麼令人愉快。

【競賽】

「運動家的精神就是勝不驕敗不餒。」

「我在這次的大隊接力比賽當中學到了互助合作的重要性，同學間非常團結讓我非常感動。」

「比賽的結果並不重要，重要的是在於我們從中獲得了什麼……」

對，同學，說得好，競賽重要的就是獎品！也就是說一場競賽結束後，我們到底可以獲得怎樣的獎品（完全曲解意思。比賽結果也不重要，因為在ＢＬ的世界裡，不管是攻輸了還是受贏了，都是受贏了的意思……嗯不對！不管是哪一邊輸了，輸了要服從贏的一方，給對方當性奴隸，這就是最棒的獎品（沒有這種獎品。

【借貸】

有借有還，再借不難，有借沒還……用身體還。對，一旦有了借貸關係，你們的關係就再也不單純了，不一定是金錢的借貸，有可能是你禮拜五晚上偷吃了室友一顆宵夜的滷蛋，那你們之間就有了借蛋關係，哪天他希望你還給他的不是滷蛋，而是別的蛋蛋時，你不能拒絕喔！（看到這裡不知道會有多少男子再也不偷吃室友的宵夜）

【忽略】

他不理你，走到哪都不理你。人來人往的大街上他不理你，一群人小組討論時他不理你，面對面吃飯時他不理你，淋浴間裡他也不理你，你做什麼他都沒有反應，他不只沒有把你當作人，簡直把你當成個透明人，那就對他做些透明人會做的事……一些壞壞的事吧……

【語言不通】

語言不通造成的誤解，有時候可能是人際溝通的毒藥，但有時候也有可能是突破心防的解藥，但如果你懂ＢＬ，你就會知道語言不通其實是最好的春藥……真的不要再給受君亂喝那些成分不明的春藥了，放過化學老師和生物老師好嗎!!天然欸尚好，當然化工有化工的美妙，但食安問題這麼嚴重，諸君拜託先重視人體健康。

基本上語言不通多半會造成兩種狀況，一是幹架，因為連平常一言不合都會打起來了你們現在可是沒有一句合得到欸！還有另外一種是幹砲，多了語言的隔閡，就少了身體上的距離。

這水果是？
我還是第一次見到！
比手畫腳
這要怎麼剝？

喔喔喔！
擅自理解
「吃香蕉前想要先脫衣服不然怕會弄髒？」

點頭
也是啦／畢竟是我們國家的衣服嘛！
要問我這衣服怎麼脫是吧？

然後就這樣
把對方的衣服脫掉了…

接著也把香蕉吃掉了。

【命運】

（一）既生你，何生我？

「既然這時代已經有了我，為什麼還要有你出現呢？」

「因為，我是為了你才誕生在這世界上的。」諸葛亮深情款款的對著周瑜這麼道。

（二）七步成親

「弟弟，你要在七步之內作出一首詩，否則你得死。」

「好，那如果我在七步之內作出一首詩，哥哥要嫁給我。」

語畢，曹丕還來不及做出反應之時，曹植便在六步內作出一首〈主動燃起〉——完美合乎韻律且求婚內容相當完整的詩。接著他一個箭步向前，將滿臉通紅的哥哥打橫抱起，這就是史上有名的七步成親，後世多用來形容兄弟之間成為打情罵俏、恩恩愛愛之關係，是每對兄弟必然要迎接的命運。

「我的出生就是為了要遇見你。」

對，命運多喘。只要扯到命運這檔事，除了微微的中二，就是謎之感動了。

【照顧你老木】

有什麼比照顧你老木老北還更令人覺得曖昧，覺得你們兩個之間很曖昧。平常叫你照顧父母你都跑得像陣風了，難道有人「待你的爸媽比待自己好」還不讓人感動嗎？「感謝他們讓你誕生在這世界上」，是懷抱著這樣一個因為喜歡吃雞蛋所以感謝母雞的心情。

但如果可以的話，照顧老木就好了，照顧老北很容易也會令人覺得曖昧……覺得要發生計畫外的戀情，你要知道ＢＬ是很可怕的!!（妳沒資格講

【真心話大冒險】

人最難不去探測的就是人的真心，最難去探測的也是真心，當一個很難被探測的真心話，在一次不小心的過程中被得知了……就是你吃一百次春藥也沒辦法像這樣高潮迭起，這樣你明白我的意思了嗎？

其實上面的電波還是滿紊亂的，你會發現Ａ區還是會有很多腐腐中鏢倒在地上，為什麼？因為阿腐就是個沒有原則、只靠感覺的動物啊！一邊說著「你們不要再搞基了老娘養的基友們已經太多了！」但還是雙膝著地的簽了ＣＰ領養書了，Ａ區阿腐就是這麼沒有骨氣真的很讓人鄙視啊（跟著簽字。

為什麼會有電波紊亂的情況發生？因為我喜歡模模糊糊的愛，**模糊不清的愛最美**，你講的話越模糊，我的心裡就越清楚，清楚你對他滿滿的愛意藏不住；我喜歡明明白白的愛，**清楚了當的愛最直接**，你這麼直接真是讓我羞紅了臉，明明我就站在故事框框外，為什麼我這麼嗨。

你押他攻還是受？

有次邊掃墓祭祖，
……邊跟堂妹聊起了「阿腐如何判斷攻受」的事。
我可以理解喜歡強攻弱受的心情，
大概是專注於**好欺負**和**氣場壓制**這兩個點，
那麼**喜歡弱攻強受的**妳呢？
我是覺得他都已經這麼弱了實在有點可憐，
總要給他點什麼…
喂喂…
這不是把最重要的東西給他了嗎?!
祖先墳前決鬥吧！
啊啊啊啊啊

先不要問我為什麼會在祖先墳前進行這種討論，連我叔叔全程都是用《戰國巴薩拉》的CP扇在幫祖先的金爐搧風了，我想我的祖先不會介意這種事，因為比起這個，攻受的配置更值得介意啊！這年頭站錯邊，遇到沒糧的CP不打緊，最怕自己忠貞不二兼印痕作用，一旦認定了這對就是BＸA，即便BA村只有自己一個村民甲，身為村民兼村長就是要戰鬥到底啊！

對受而言最重要的東西絕對不是貞操，連在現實世界中女孩子的處女膜都不一定是最重要的了，男孩子的處男膜當然也不一定是最重要的啊（沒有這種膜！最重要的東西其實是指在攻受位置上的優越性，之所以下意識認為攻的位置「較優越」完全只是因為擁有陽具可以「主動攻擊」而已，當然對面那位受君也有陽具，但很無奈的，受君的陽具可以用來射沒錯，卻不能射在攻君裡面，能不能中出差很多，這完全就是我們阿腐說了算，我們阿腐說了算吶!!講得陽具好像是一種道具一樣，不過我們的確是需要它來過關斬將啊！雖然這「最重要的東西」表面看起來像是菊花的第一次通關票，但實際上所代表的意義叫作攻受位置啊！也就是說「我攻你可以，你攻我不行。」「你的後庭就是我的，我的後庭還是我的」這樣一種堅決的想法。

再來談到「主動攻擊（性的意味）」所代表的「隱性含意」或「具體表現」，也就是說至少會達到幾項要素：

一、**受君他必須嗯哼嗯哼或啊哈啊哈的叫**

不管是嬌喘、浪叫還是哀嚎，很少有聽過相反的情況，除了我上次聽到飾演攻君的某人氣男聲優叫得比裡頭受君還浪，當下一度分不出來到底誰攻誰受抑或是兩枚受君、我才是攻君之外，深深體認到勝任受君後的其中一個每日任務便是——叫，而且要叫到在場的所有男士女士都起反應。

二、**臉紅**

可引申為害羞，不管是被壁咚時害羞、被人用手「打出來」而害羞，還是工作中，總之臉紅就是給人一種含苞待放而不是微血管曲張的感覺，他越是待放，在做受的時候就會讓周圍的人越帶感、讓人忍不住要幫他開苞。若是本來就倔強型的人種，在臉紅起來的時候更有一種深深蹲下然後再高高彈起的快感呢！當然，不一定是指傲嬌。只是一個人臉上的萬年冰山都有可能讓因為他當了受而融化，不是說當攻就不能臉紅或是當了受就一定要一直臉紅，只是對「同一人」來說，作為受君時的臉紅機率會比成為攻君時的臉紅機率大很多，如果我想看到一個人害羞時的樣子，把他放在受的位置會比較能妥妥的看到我想要的結果。

三、弱點

你可以把弱點理解成G點沒有問題，因為做愛就是要爽（有時是讓對方痛自己就會爽），不管平時攻君的氣勢有多弱，當他掄起棒子在受君裡面搗春節年糕時，受君基本上就處於被動地位，後面的弱點會一直被攻擊，前面的弱點有時還會被揪住兼擼一擼。當然受君用後庭花攫住攻君、把攻君的棒棒當搖桿在玩的相反情況也有，但現在先不討論，後面也不會再討論，因為你知道受君若要強姦攻君就是那麼一回事，攻君通常只有幾種下場……天啊好爽、不要太爽和求求你趕快讓我爽而已（不要說會斷掉。

你不要問我說為什麼都在談性事啊這本就是十八禁啊不然你要怎樣，攻受的定義就是看誰拿自己棒子攻擊對方的人就是攻！我們當然會一直談棒子和搗年糕的事。「攻X受」——由「XX符號」的左邊向右插入是亙古不變的道理。

現在很多下克上就是情趣，乃至於下屬攻上司、學弟壓學長、村民壓村長完全是為了嗜虐心和自尊心比較重的阿腐們所設計根本超級熱門的我就不說了，但長相、身高、體重、氣場這種比較主觀且主流的判斷條件仍是造成這些CP的原因，比如說像海綿寶寶和派大星，主流應該就是毫無懸念的是派大星X海綿寶寶，派大星較高較重，而海綿寶寶較帥……對！

你再往旁邊逃走
就要掉下去囉！
吶！
你願意跟我一起
住在深海的……
大鳳梨裡嗎？
那不是…我家嗎……
…別再…
唔
…摸了…

不僅如此，海綿寶寶的身體具有再生能力，這讓海綿寶寶成為受的理由又多了一個，不管怎麼蹂躪他身體都可以再生這真是非常棒的事，這意味著他的後庭也可以隨時再生，就是個永遠的處女，每一次都像是第一次，超級浪漫。（海綿寶寶攻派的捧油，這裡失禮了！）另外，看看派大星的外型，不須倚仗魔法就可以進行觸手 play，不管是用左手觸手 play 還是用右手，又或者是用雙腳觸腳 play，甚至是直接用頭（上面的頭）進入海綿寶寶的體內，都將會是嶄新而令人想一再回味的玩法。

不過以上都只是相對主流的情況，像是你去問問互攻派，他鐵定就覺得以上這些因素都不在他的思考範圍內，腐女在判斷攻受時的依據神秘到我們自己都不知道這依據到底哪裡來的。比如說我斗膽拿人人見了都喜愛、人人被踢變抖M的兵長大人來講，如果會覺得兵長是攻，若排除直覺和上吊眼（無關）這兩項因素，大概就是著重氣場更勝於身高畢竟空山新雨後兵長一米六；若是兵長受，大概就是身高的問題了（欸。當然女王受也是很吸引腐女的一種受君屬性啦，大家也可以將這點列入思考的方向，千萬不要看到逆 CP 就不能思考啦！

如果真的有腐女能了解世界上的每一個阿腐每次會做出什麼攻受判斷，這比賭馬賭一百萬次、次次都中大獎還強啊！這樣的人神是鐵定要放在廟裡供人跪拜和點香的。

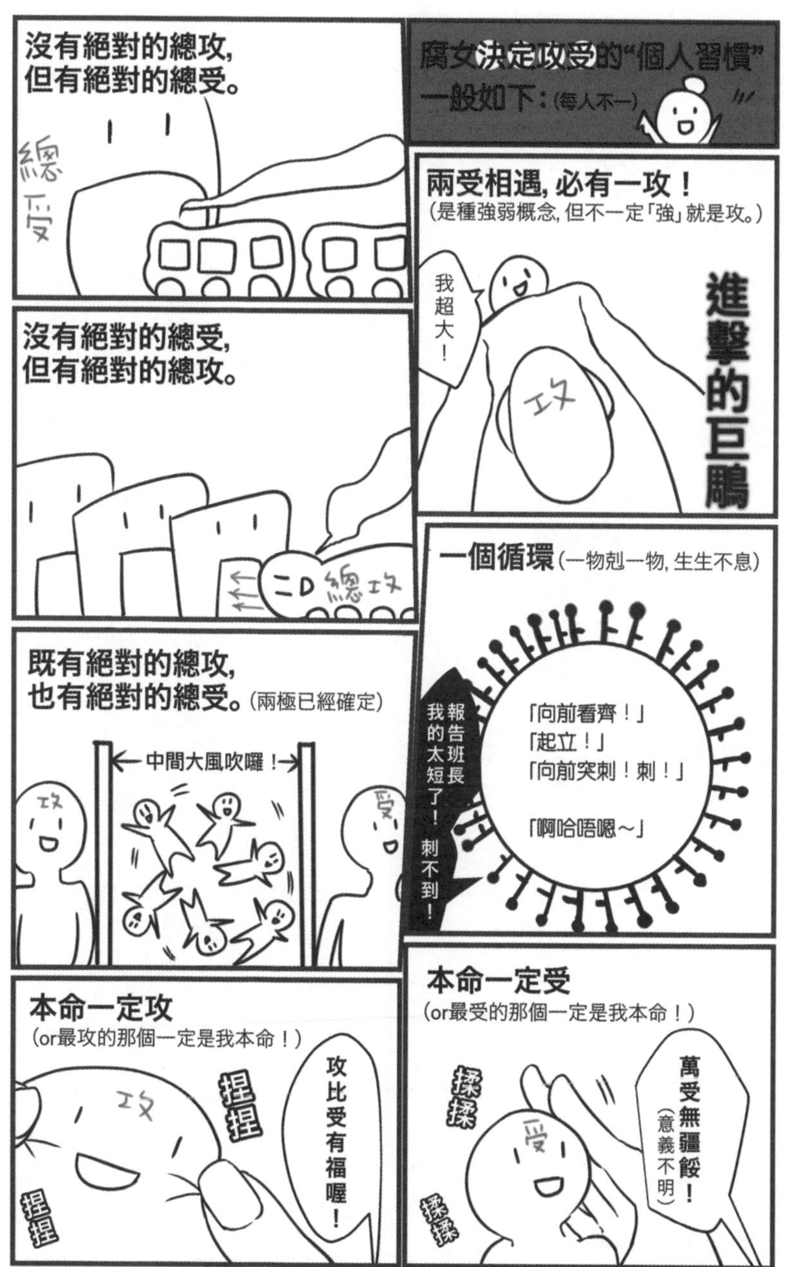
沒有絕對的總攻,
但有絕對的總受。
總受
腐女決定攻受的"個人習慣"
一般如下:(每人不一)
沒有絕對的總受,
但有絕對的總攻。
總攻
兩受相遇,必有一攻!
(是種強弱概念,但不一定「強」就是攻。)
我超大!
進擊的巨鵰
攻
既有絕對的總攻,
也有絕對的總受。(兩極已經確定)
中間大風吹囉!
攻
受
一個循環(一物剋一物,生生不息)
「向前看齊!」
「起立!」
「向前突刺!刺!」
「啊哈唔嗯~」
報告班長我的太短了!刺不到!
本命一定攻
(or最攻的那個一定是我本命!)
攻比受有福喔!
捏捏
捏捏
攻
本命一定受
(or最受的那個一定是我本命!)
萬受無疆餒!
(意義不明)
揉揉
揉揉
受

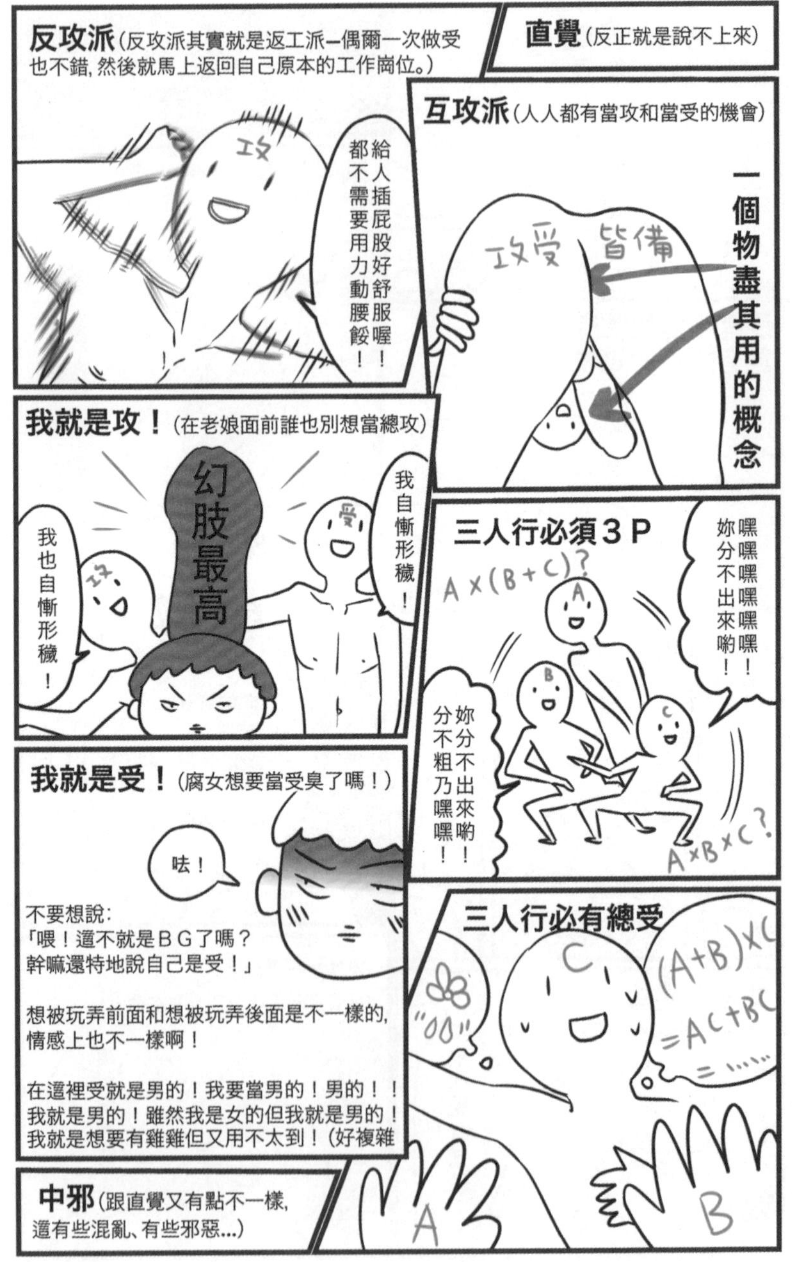
反攻派（反攻派其實就是返工派—偶爾一次做受也不錯，然後就馬上返回自己原本的工作崗位。）
攻
給人插屁股好舒服喔！都不需要用力動腰餒！
直覺（反正就是說不上來）
互攻派（人人都有當攻和當受的機會）
攻受
皆備
一個物盡其用的概念
我就是攻！（在老娘面前誰也別想當總攻）
幻肢最高
我也自慚形穢！
攻
受
我自慚形穢！
三人行必須３Ｐ
A×(B+C)?
A
B
C
嘿嘿嘿嘿嘿嘿妳分不出來喲！！
妳分不出來喲！！分不粗乃嘿嘿！！
A×B×C?
我就是受！（腐女想要當受臭了嗎！）
呿！
不要想說：
「喂！這不就是ＢＧ了嗎？
幹嘛還特地說自己是受！」
想被玩弄前面和想被玩弄後面是不一樣的，
情感上也不一樣啊！
在這裡受就是男的！我要當男的！男的！！
我就是男的！雖然我是女的但我就是男的！
我就是想要有雞雞但又用不太到！（好複雜
三人行必有總受
C
(A+B)×C
=AC+BC
= ......
A
B
中邪（跟直覺又有點不一樣，
這有些混亂、有些邪惡...）

押攻受（表態）就好像是在賭博一樣，如果妳很在乎自己有沒有糧吃、有沒有同好或是帝寶大糧倉，那妳押攻受就是在賭自己人生，賭上人生聽起來好像很誇張，但這的確是事實。尤其在阿腐們不太會因為主流偏啥就隨波逐流的前提下，一開始的決定就好像樂透開獎那樣更顯得刺激——沒有人會希望自己站在冷冷的那一邊啊！（雖然冷ＣＰ也是會有一些檯面上不能說的好處啦！）

不過在這年頭，身為腐腐的妳押他攻還是受都不重要了，腐腐們現在也逐漸了解到自己吃的ＣＰ可能也會有逆ＣＰ出現，不再會因為知道原來這世界上也是有人在吃著自己的逆ＣＰ而感到震驚（是有多封閉！最重要的是妳身邊的非腐人士怎麼判斷攻受，因為他們常常一個不小心就把逆配對講出來，不同於圈內同胞會秉著己所不欲勿施於人的心情在與妳相處和幫妳避雷，圈外人士在雷到妳之後一臉無辜的模樣妳也是不能拿對方怎麼樣，因為他們是很認真的覺得配對是他們心中所想的那樣，而且他們想要與妳分享。明明不腐卻也想加入這場混仗，真是令人又好氣又好笑，以我阿腐的立場完全就是想要看馬兒跑，卻又希望馬兒不要亂亂跑。

彼此的雷

你跟他是情侶！

那你們誰上誰下？

我們沒有在分的…

我們就只是同志情侶。

你說什麼?!

佐助和鳴人怎麼可能沒有分上下?!

在我看來，

佐助和鳴人就是不分上下啊！

我是在說他們兩個的實力不分上下。

妳誤會了！

NO NO NO

現實中的逆ＣＰ是你情我願、乾柴烈火，但二次元的逆ＣＰ完全看個人意願，熊熊戰火有可能在個人被逆到之後一觸即發。在現實當中，不去過問同志情侶到底誰上

誰下、不對誰該攻誰該受做評論是阿腐族群的基本共識（一些沒有禮貌的人除外），但在BL世界裡要是不細心敏感一些的話，可是有可能會踩到人家大雷，星際大戰因此而展開（拔劍吧！

被逆到的感覺很酥，但絕對不是酥麻的那種舒服的酥，而是裡裡外外被雷到香酥脆、焦成一片的那種酥，我想應該有人會希望世界上有一本逆CP筆記本，可以將自己的逆CP寫在那上面，然後那對CP就會永遠從地球上消失，因為被逆到的恨意滔滔江水連綿不絕地襲來、是連半夜都會驚醒的那種。

為何逆CP不行?!因為心中有塊地方就這樣崩塌了啊！以往在心中建立起攻受兩人的美好形象和生活藍圖就在看到逆CP的當下而粉碎了，要能抵禦那種驚嚇感不是看一百次《奪魂鋸》就可以鍛鍊起來的。「不在其位，不謀其政，明明你就不該壓在他身上的，你怎麼就這樣厚顏無恥地爬上去了!!」以上大致就是被逆CP的人當下懷抱著節操而死去的心情。

我自己是屬於無節操那一派的，但人不是生來就沒有節操的你要知道！每個寶寶生下來都是連著肚臍和胎盤，還有節操。我也是有過「看到自己吃的CP竟然會反過

互攻
同個攻
同個受
同對攻受
在同一回合, 我打你一拳, 你打我一拳,
哈啊
嗯
有時交錯著打來打去,
但基本上兩邊的挨揍數不分上下。
唔嗯
反攻
同個攻
同個受
同對攻受
在同一回合的前80%進度條, 我被你單方面暴打,
但我不知怎的忽然吃了神奇小道具之無敵星星,
接著便換成我單方面打你。
Oh
!!
What?!
但在無敵星星的功用消失之後,
又變回了我單方面被你暴擊的情況。
可逆
同個攻
同個受
但不同對攻受
已經無關回不回合的事、完全是換個場地在打拳擊。
(但奇怪的是, 兩場有一些零星的觀眾重複到。)
在A場地, 因為觀眾喜歡,
所以是我單方面打你。
在B場地, 因為觀眾喜歡,
所以是你單方面打我。

來」這種既無法置信也不願接受的時期（雖然很短），經過「發現自己就算吃到逆的也覺得不雷」的時期，到了現在「會主動把自己的CP翻過來倒過去」，那份心情就好像我初次把熱騰騰又很粗很大的帶鹽薯條整根插進蛋捲冰淇淋那緊窒而又柔軟的空間後蹦出來的那股又鹹又甜、好吃到不行的新滋味。

發覺自己能夠接受逆CP倒也不是個人有多開放多隨便，雖然我也真的很開放又很隨便，但整個大環境在改變是事實，從很久以前的攻受位置非常確定——各方面差異都很懸殊的超強攻X超弱受，到現在攻受地位、體型、薪資皆平等所以攻受分界也變得模糊。尤其大家最愛的少年（趁著拯救世界、冒險修練之際順便進行集體聯誼的）漫畫中，人氣居高不下的配對多半為強攻強受的組合，這種意圖使人正著配、倒著吃、膩的時候換邊插的BL，正是對逆CP愛好者的一大誘因，而她們也有了強而有力的正當理由可以為自己失去的節操舉行公祭。

正所謂逆一逆神清氣爽，拆一拆活絡經血，逆CP不是外遇，而是合法外遇、精神外遇。本著「反正不要拆CP就好了，至少他們倆還是一對。」的心情，可以接受逆CP的人只在乎他們倆彼此相愛，不太在乎誰上誰下，對他們來說也就沒有所謂主流和非主流，不管怎樣，糧食都是兩倍。

關於可逆

為什麼明明都同一個人，
氣質上會有這麼大的不同啦?!
在A場地就是攻在B場地就是受什麼的…
眼神就算了…連髮型都變了，
A×B的本
連眼鏡都捨棄了!!
B×A的本
從頭到尾沒變的只有**痣和髮色**而已啊！
妳們兩邊根本都只挑自己想理解的部分來理解！
你不懂，這就只是喜好問題而已…
但氣質一樣我也覺得哪裡怪怪就是了…
那裡不行啦！
可以上你嗎？
受
攻
為什麼把可逆和互攻分別獨立出來解釋和比較？
那是因為有人可以接受可逆CP，
Hold不住。
卻無法接受在同一個時空、故事背景中出現互攻的場面。

直到前幾年，萌著強攻弱受的腐人們還是相對多數，氣場強的去壓氣場弱的就是天意，而妳叫弱受去壓強攻就是該死，創作者必須集體罰跪！曾經有這麼一陣子，逆流而上的那一群人並沒有游去七家灣溪成為櫻花鉤吻鮭，而是在法律上（？）被判定有罪的，她們常常被市民廣場的失控阿腐們綁在十字架上嚴刑拷打，但不知道是因為文人的風骨還是阿腐的瘋狂，她們絲毫沒有要被統一的意願和跡象，這讓我想到了我的堂妹。

我們幾乎每一對ＣＰ都逆，真的是每一對。

又我吃的ＣＰ大多是比較多人擁護的ＣＰ，自然而然我堂妹就此定居在北極市ＢＬ區冷ＣＰ路80號１樓。雖然吃的是熱門作的熱門角的熱門ＣＰ，但因為是逆ＣＰ，所以還是住北極，這沒有所謂的跟上大作熱潮就一定幸福美滿身體健康，君不見多的是在熱門裡的冷門，住北極！一樣住北極！就是住北極沒有別的地方！就好像一個市集熱鬧滾滾，就只有你的店門口沒人一樣。

一樣是逆ＣＰ，卻是兩樣情：如果你逆了主流，卻不肯接受被逆，那就餓死，大家會在北極為你立座貞節牌坊；但若你逆了人，卻也覺得被逆了無所謂，那你就會活得很好。

男同志常問腐女說：攻受互換有這麼嚴重逆?! 我只能說ＢＬ和腐女的心思才沒有你們想得這麼簡單啊！

色情道具大集合

色情需要人，但也需要道具。攻欲善其情事，除了必先想辦法讓自己的器立起來之外，他還必須準備密閉空間或是開放性空間Ｘ１、加大型雙人床或是教室講台或是辦公室書桌或是一面牆壁Ｘ１、跳蛋數顆或是小黃瓜幾條或是按摩棒一兩支、水性潤滑液數罐或是讓對方先射個一遍……（欸，寫得太詳細了！

總之色不色真是要看道具組和氣氛總監臉色吃飯，只要一個空間它夠色，就算攻受兩方長得不夠色也是能達到某種平衡。今天為什麼你要吃的是燭光晚餐而不是七彩霓虹燈晚餐？因為氣氛美燈光佳，而且蠟燭給人感覺就是復古就是潮，你不要說七彩霓虹燈也很潮，那已經太潮了，完全超出一般情侶可以接受的範圍，就像是你今天目標客群明明不是抖Ｓ或抖Ｍ，卻拿出一整套非常完整、完整到不行，會讓人看了臉上馬上出現五十道陰影的ＳＭ包山包海套組，只想吃煽情部分的人客會全部走掉喔！

眼鏡	身為不分四季、永遠不退流行的百搭配件，不管是戴在臉上還是戴在那裡都相當的合適。能讓性感的人看起來更性感、讓一般人看起來是個變態。

環	小至耳環，大至龜頭環，大致上都是伴隨著美感和突破肌膚的禁忌感，讓對方就算只是戴著也能感受到如同被龜甲縛束緊的快感浪潮不斷。

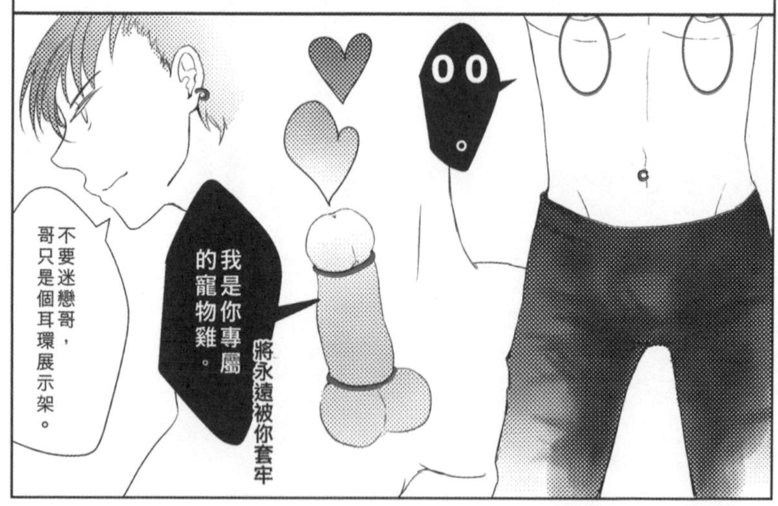

衣服	衣服有很多類，織料也有很多種。 但衣服的布料、穿的品味怎樣根本不是重點。 因為衣服在ＢＬ裡的功用就是拿來脫掉而已， 要怎麼穿得讓人想把它脫掉是種學問。

吊帶	吊帶是用來讓褲子不掉下去的配件？錯！ 吊帶是用來為單調的穿搭增加時尚度的？錯！ 吊帶是……？錯！

吊帶，
是用來摩擦乳頭的…
啊啊乳頭！光是走路就一直磨到!!
唔……快要受不了了…

保險套

在幾乎用不到保險套的ＢＬ世界裡,
為何保險套還沒瀕臨絕種？
用不到的保險套要如何讓氣氛變得色情？

黏糊糊

對, 就是任何黏糊糊的東西,
任何黏糊糊的東西只要到了嘴邊、手邊、腳邊、脖子邊、該邊…
都會變得黏♂糊♂糊♂
讓你的心裡黏成一團…呼…呼呼…呼…呼……(喘。

手機	現代科技的代表性產品—除了具有G點導航及受君定位功能，螢幕尺寸也因應現代人後庭對於手機的需要而越做越大；為了能長時間使用，在續航力上頗有改善，系統的更新也非常勤快。硬體方面不僅防水更抗壓，而且來電時，會震動也會響（廢話。

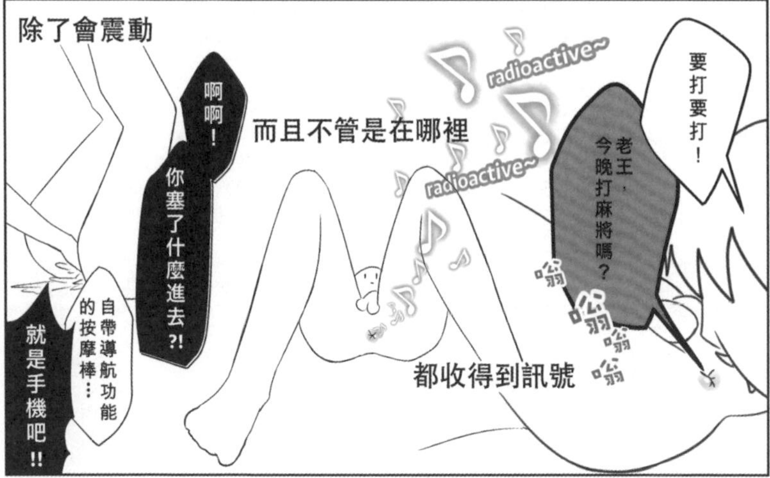

寵物	現代生物與ＢＬ的合作方案，但並沒有要拿來插，請寵物們放心，只要你不是寵物蛇或長成條狀，就不會有靈蛇必須進洞的危險。寵物們之所以每每都是神助攻，就是因為牠們可愛，但是可愛並不會讓牠們變得比較不色情，因為像是哺乳類有舌頭就很危險。

澡缸	**泡熱水澡根本就是在邀請對方來一砲。** 「我要裸體囉～你也要一起裸體嗎～」 「我開始有點熱熱的～你也有點熱熱嗎～」 「我那裡開始膨脹了，是因為熱脹冷縮嗎～」 「哎呀～你也開始膨脹了……欸！你的膨脹率也太驚人了吧？！！！！」

我要用一種不疾不徐但你看了會很急、想直接跳入淡水河的方式
充滿挑逗意味但又要表現得我很矜持的脫下我的衣服囉～
我要用充滿滑滑又香香而且白白的液體**但偏不是你的液體**
在自己身上抹來抹去摸來摸去、滑到東又滑到西囉～

♥♥♥♥♥♥♥♥♥♥♥♥♥♥♥♥♥♥♥♥♥♥♥♥♥♥♥

你確定你要跟我兩個大男人裸著全身單獨待在一個封閉而
又充滿著熱熱溼溼恍恍惚惚感覺會讓兩人體溫急速上升的地方
然後「他娘的全世界會一生一世詛咒你」之**什麼也不發生**嗎？

來囉～來囉～我的手要順著泡沫流下去的地方往下滑囉～
我要用我的手指在兩股間嚕動囉～**我的童貞就藏在泡沫裡～**

♥♥♥♥♥♥♥♥♥♥♥♥♥♥♥♥♥♥♥♥♥♥♥♥♥♥♥

龜甲縛	龜甲縛不一定要龜甲縛，有時龜甲縛是是單純的影打，並非真打。 你也可以龜頭縛、龜在那裡什麼也不縛只要動張嘴講一些威脅的話， 龜甲縛的真理就是讓對方動彈不得進而讓你盡情擺佈而已， 所以你就算擺條龜殼花在對方面前也能達到一樣效果。

頭髮　若製作方有心, 可以把任何生活的場景變得既粉紅又淫靡, 連剪頭髮這種再平常也不過的小事, 它都可以搞得好像在修剪你下面的毛一樣。

就跟你說了…
別再碰啦！嘎嘎嘎嘎嘎！
原來是觸手啊 還以為是頭髮呢！
你不要一直碰我頭髮…
會有感覺…
撫摸對方時，頭髮會好像有了神經一樣，每摸一下就觸電一下。
啾♥

煽火容易煽情難，男人的慾望很容易被搧起、被點火、被慾火焚身，但要怎麼樣使他們做得讓旁觀的女人可以覺得煽情、覺得想要燒起來……能夠把這些都研究透澈的人，我要頒給他終身成就獎。

看完以上零星幾項道具後，你大概也知道了，色情道具分為兩種，一種是經典道具組，就是你看到那個道具一出來，馬上就明白作者想要讓他們幹些什麼，和導演一拿出開麥拉打板器，演員就知道攝影機開始拍了一樣；另一種則是嶄新發明組，就像日本人很喜歡發明一些可能正常人用不太到但看起來就很神奇的A片，那時我就明白了，創意始終來自於性啊！重要的不是道具，而是使用的方法，因為道具是死的而人是活的。不過如果你可以憑空把人弄得欲仙欲死到要死不活那我也就不會跟你計較什麼細節了，一切安好。

所以如果今天讓攻受兩人待在一個什麼道具都沒有的空間，那還能不能變得很色情？

可以！因為「沒有道具」就是他們的道具。想想龜派氣功也是從手掌出來的，就算是空氣，想必厲害的阿腐也能運用自如。

我發現，只要有心，什麼道具都可以變得很色情。

記英文單字好難...
膚淺但誠實的腦
APPle
倒是Benedict Timothy Carlton Cumberbatch
三秒就記得了。

Part 3

「生活養成」

——————升級你的專業規格

牽到東京的腐女還是腐女

「喂，乙女之路在哪裡？」

「不知道，但我們走到了Animate。」

「好，進去逛一下。」

「乙女之路在哪裡？」

「不太清楚，但我們又到了另一家Animate。」

「好，那再進去逛一下。」

「妳到底有沒有在看地圖！為什麼我們就是走不到乙女之路?!」

「我有看地圖，但不知道為什麼就是找

不到。不過呢……我們又到了第三家Animate。」

「那只好勉為其難的再進去逛一下了。」

東京，是個潮潮去血拚的好地方，但我要說……阿腐阿宅在那裡才真的會大量失血因為每天都很拚！個人買本買到淹過膝蓋，上網告解尋求慰藉沒想到曾去過東京的腐友們表示「買腐本淹腳目」是件很正常的事。每天肩膀都因為背BL本和周邊背到要脫臼和五十肩，真是有夠辛苦的（拉仇恨值。在我去之前有人跟我說秋葉原沒這麼好逛，到底是誰說秋葉原不好逛的?!我第二次到東京就在那裡住了好久，每天回民宿都會經過虎之穴和Animate，那種感覺就好像摸摸茶開在你家隔壁，你每天下班回家都會被裡面的媽媽桑拖進去喝茶，一直喝一直喝。日本書店店員為角色應援好像在選舉前夜造勢那樣拚命，剪剪貼貼、加花圈和拉出好幾條的彩帶是基本，更別說有些做成仿3D的，走經過都以為本命從二次元跳出來，每看一家熱情程度都更向上一個級別，只差店門口沒有放鞭炮和辦桌。

在東京，賣同人本的店簡直比小七多，同人本的種類比便利超商的飲料類別還齊全，架上的題材和CP五花八門，和妹妹們在逛的時候，我們已經不知道自己的需求是什麼了，光是專注於研究一些令人驚奇的CP就花掉大半時間。而在這裡要建議大家——若非必要，還是不要帶非腐人士逛腐區，因為不是腐女所以就只會去找自己覺得新奇的本子，不會在意CP組成和逆不逆、性癖合不合的問題，完全不能體會腐女被雷到的感覺多麼香酥脆，我妹當時在KBOOKS裡運作著她那不尋常的雷達，尋找

著（對那時的我們來說）雷雷的ＣＰ，一直吵著要看克里澤受、看田中受、~~看一些不可思議不會想到他是受的受~~，我真心覺得她快要把店內所有人的ＣＰ都雷光。

日本的同人本大多都是用透明密封袋封起來的，能夠試閱的通常就只有書腰上被哆啦Ａ夢縮小燈照到縮得非常之小的內頁，而光看封面根本看不太出來什麼端倪，尤其是本子的封面質量有時都非常高、讓我們一度以為自己要罹患美感障礙，因此買本這檔事很吃阿腐天生對於本子和ＣＰ的嗅覺，二來與買本者本人平常人品也有很大的關係。像我妹平常為人正直、又不是腐女，所以老是買到包裝著 R18 的外衣但其實是清水到不行的砂糖本真是屢試不爽!!即便封面看起來超肉慾、感覺可以從金門砲臺那裡發射到太平洋那樣（太遠，一打開還是只有牽牽小手舔舔龜頭！她真的超不爽的!!因為她成年以來一直很想買超色情的本但日本的老天爺就是死也不給她這個機會。我本人很神奇的幾乎都是買到搞笑兼色情的本子，就算封面看起來很淫靡或是很有浪漫氣氛，到最後都會走向一個金凱瑞等級的搞笑收場，讓我感覺買本子像是在算你生辰八字那樣靈異。而我堂妹食肉是天性，她買到的本子果然很不負眾望的全部都是黃到爆炸，裡頭的美味棒數量之多，一字排開大概跟總統府前閱兵典禮有得拚，以至於後來我和我妹都請她幫我們挑本了，要不然我和老妹大概只能整間店統統包下來。

除了池袋的乙女之路讓你每天都可以鍛鍊自己的肩膀和雙腳，中野也是一個非常好買的地方，二手同人誌多到感覺鋪馬路沒有問題，模型和公仔都非常值得在那裡花上一整天盡情挖寶，事實上我們曾經發生因為買不夠所以又去逛了第二天的情形，都不曉得自己的購物慾到底是從哪裡冒出來的，所以時常會有以下對話產生：

「這個算是貴還是便宜啊？」

「…………」（拿出計算機）

「…………」（算完之後還是不太清楚，因為平常在台灣其實不太買東西的。）

「好，要買。」（每次對話大概就是這樣的結果）

印象中的堂妹是個只喜歡熱門作和熱門角的人，尤其喜歡正妹（男）和個性差的正妹（男），甚至我曾經都覺得堂妹只要是個正妹（男）都好。所以當她在中野看到山崎的手辦而欣喜若狂時……我不小心脫口而出：

「欸?!妳不是都喜歡…………

人氣角色或是正妹（男）嗎?!」（給我跟山崎道歉啊！）

想不到堂妹意外的喜歡山崎，這也讓我和我妹深受感動、覺得是真愛（再度失禮），決定一起踏上「尋找山崎」的旅程。我們在各個店都發現了山崎的倩影，然後同時也發現山崎他……真是一隻比一隻便宜，相比副長和阿銀或是總悟一些人氣和手辦價格都高到不行的角色，山崎他仍舊靜靜的、一隻比一隻還要便宜，讓我不禁感嘆在二次元也有格差社會真是超級殘忍的!!我堂妹幾乎是邊流著淚說：「好啊好啊都沒人要山崎超便宜的啦哈哈因為便宜所以我可以買好多隻回家啊哈哈哈！」也是啦！我妹光在那裡糾結要買白夜叉的阿銀還是萬事屋的阿銀就花掉超多時間也去了半條命（因為要作取捨實在太痛心），結果堂妹最後找到一隻她很滿意的山崎，而且竟然只要400日圓!!這一下不得了，因為400日圓真是深深震懾到我們，所以從那一刻開始，我們的貨幣單位就從日圓變成了「山崎」。

從二手商店救出來的山崎，雖然他一直維持著打羽毛球的姿勢，但他那妖嬈的站姿和微微透出哀愁的眼神，讓我一直覺得我們是去青樓把他贖出來的恩客，自從那一天起，我們的東京三人行，變成了四人行，不管吃飯出門還是逛街，山崎都是伴遊的不二人選。到後來，我們甚至連去迪士尼都帶著山崎，山崎跟著我們一起坐碰碰車、吃園內的美食、看遊行演出。後來回去看照片，發現每一張裡面都有山崎出現，這不是鬼片，而是我堂妹對山崎的真愛（強調）。

每次去日本時，腿都會痠到想直接開啟人體飛航模式、用飛的遊東京，可見每天跑腐宅行程之勤勞絕對不是胡說八道，能坐下來的時候大部分都是在馬桶上，而且生活作息還是全自動式的晚睡早起模式！不過就算每天晚睡早起又狂吃肉和喝酒，皮

膚卻變得超好，反而是比較早睡的妹妹長了痘痘，我想可能是因為每晚都看了很多的ＢＬ本和新番能讓人睡得很甜吧，所以後來妹妹就也加入看同人本看到睡著的行列了。這次住的民宿房間裡很反常的連一面鏡子都沒有，我想大概是不想讓我們看到自己笑得有夠淫邪的樣子吧？

妹妹們熱烈討論著剛買回來的同人誌
體力透支陷入昏睡
哈哈哈哈哈哈哈哈哈啊啊啊啊啊啊
好吵…
…
睜
被嘻嘻聲和齁齁聲吵醒
呀啊！
他竟然把這麼粗的細棒插到他那裡ＸＸ又ＯＯ，
嘻嘻嘻嘻…
啊！
好鬼畜喔呵呵呵呵呵…
他這樣玩他的蛋蛋哈哈哈齁齁齁…
竟然還這樣又那樣喔齁齁齁呵呵…
哇靠妳看這裡喔齁齁齁…
啊齁齁
嘻嘻嘻嘻…
嘻嘻
啊，她醒來了
啊，妳醒來了嗎！快來看這本尿道普類！
這超猛的！
快起來看！
這本讚！
它裡面有這樣這樣那樣那樣還有Ｘ
很堅持要我看Ｒ本

本來有預計要去的幾個時尚人大景點，在最後都真的差點變成肥宅和臭油腐的旅遊購物行程，幸好妹妹阻止了我和堂妹，不然會連橫濱之行都胎死腹中。但是，真的是去一些不宅、純逛街的景點就覺得好無聊、活著沒有目標，感覺好像真的沒救了（倒地），而且買到第五天就沒有錢了只好刷卡，多麼糜爛的大人。每天一定要瘋狂討論買的東西，BL讀書會一直都是熱烈的進行中，明明老妹就是個清心寡慾的人，回來之後卻很憤慨沒有買到這個沒有買到那個，而且還著了魔似的一直很想看阿伏兔X神威、那本她一時間忘了買的。雖然我媽對我一直是採取放生的態度，但對於我妹她倒是嚴厲管教，害我一直擔心我老木如果哪天在我妹房間看到尿道play本，我跳到黃河也洗不清。

結束了東京旅程，除了堂妹掉飆速坑掉得太晚導致沒買到飆速相關、人生充滿悔恨之外，其餘一切安好，包括回台的行李沒有超量，山崎依舊用甜美的笑容跟在身旁搭了飛機。幾個月後和老妹又去了一趟關西，原本就是預定「珍惜錢包生命，遠離腐和ＡＣＧ」，沒想到大阪（相較於東京）還真的是相當少的ＡＣＧ店，跑了趟日本橋和梅田，覺得心情上有些失落便轉往黑門市場吃燒肉，原本以為關西就是趟美食之旅就此跟動漫沒啥緣份之後，在路上就忽然有兩名可愛的大叔攔住我們去路，表明自己是讀賣新聞的記者，希望我們接受採訪。

自己破爛的日文充其量只能看得懂本子上一些黃色部分比如說嗯嗯啊啊雅滅跌和乙代、聽和說大概只能算得上襁褓中嬰兒的程度（也太爛，於是想要拒絕，但那天太陽很大，我看他們兩人汗流浹背還扛著一些設備感覺到處碰壁，終究還是答應了對方因為我就是一個好人，雖然我在日文方面就是個好智障的人，但我還是鼓起勇氣，連我自己都不知道哪來的勇氣。有別於在京都的背包客棧、裡頭的人英文都流利到不行，大阪人的英文真的都不行，後來記者先生請出中日文翻譯APP也只是加速談話破局而已，對方大概都不知道自己到底給我們看了什麼用繁體中文拼出來的象形文字，所以終究還是靠著ACG之神完成了這次艱難的國外被採訪任務啊！

這下你真的可以跟媽媽說：看動畫的孩子不會學壞，而是會學到真正的日文啊！

（超溫馨

節操已死，就這樣子

何謂節操？在這裡挺直而立的各位，想必很久以來早已忘記節操是什麼（雙關），讓我來替大家解釋一下，不過說到解釋……其實在這之前，我真的也去翻了我們班內的字典，因為很明顯的，我自己也忘記節操到底是什麼。（痛扣）

節操──堅定不移的操守。《晉書．卷八九．忠義傳．沈勁傳》：「勁少有節操，哀父死于非義，志欲立勛以雪先恥。」又或者是教育部國語辭典簡編本上表示節操即為志節操守。例句：這個法官具有清廉高尚的節操，頗受人敬重。

如果到了宅圈或腐圈，就會變成──「這個阿宅／阿腐不具有任何節操，頗受人敬重。」

二次元之所以浪漫即在於無邊無際的幻想得以在可能的範圍內體現並盡情展現，

甚至與志同道合的同好朋友相互磨擦生熱，那都是因為沒有了節操，你才能與各式各樣的萌點乾柴烈火。很明顯的，「節操」這詞自從在宅宅腐腐的世界走紅後，「沒節操」三個字已經從原來的貶義詞進化為中性詞，甚至越過了道德的障礙，變成了一種稱讚。

「妳就是B太太嗎？今日一見果然是個很沒節操的人呢～」（真心稱讚

「哪裡哪裡～A木木才是呢！這次的新刊有夠沒節操的我超喜歡～」

「但其實C查查才是與生俱來就沒有節操呢～根本是天賦異稟喔呵呵呵呵呵呵！」

就這樣，「有節操」是對宅腐圈中稀有人士的稱讚，是真心的；「沒節操」變成圈內人士互相恭維的盛讚，但也是真心的，所以圈內一片和諧，形成了一種大多數人有貞操沒節操、「唉唷你好糟糕（心）唷～」的狀況。

所以當沒節操不再是一種不對的事，甚至是受到鼓勵應該要外放奔放時，分寸變成一種相比起節操更需要被注重的事，「順我者生，逆我甲賽。」這種中二到不行而且還很慫的想法已逐漸被圈內人驅逐出腦海，至少在我處的圈內中是比較少有人有這樣自我中心的狀況。

有節操也有禮貌
你好，我精神潔癖。
你千萬不要來搞我…不然我會爆炸的，
事前警告
鐵定。
有節操但沒禮貌
你可以不要這麼髒嗎！
雷死人了！
沒節操但有禮貌
你確定嗎??我吃的CP很雷欸!!
我吃的CP才雷勒！
不不不！大家都叫我雷王之王！
你不知道…
我才是被叫成雷帝召來的人！
結婚吧
沒節操也沒禮貌
哈哈哈哈哈哈哈哈哈我吃的CP都是王道！
最喜歡AXBXCXD了！喜歡CA的都是白癡！
這傢伙才是白癡吧…
忽然衝進別人家在說些什麼呢…
堅定的CA派

在BL之前人人平等，不因人廢言，也絕對不因對方殘廢的節操而歧視對方，大家絕對不可以忘記腐爾泰他說過的那句最有名的話——

「我並不同意你的CP，但是我誓死捍衛你萌你CP的權利。」

這時，就想送給大家一首詩歌：

青青河畔草，綿綿思節操。
節操不可思，子時夢見之。
夢見在友旁，頓時在他鄉。
吾友各異縣，節操皆不見。
王道致田豐，無糧知地寒。
入門各自配，誰肯耕農田。
客從遠端來，遺我雙ＣＰ。
呼友食ＣＰ，內有雷性癖。
長跪讀素書，書中竟何如。
甲言加餐食，乙言長相憶。

翻成白話文就是：

我節操墓前的草都已經長這麼高了，我還在做白日夢的想著節操他有一天會回來。但節操他終究是已經離我而去，我想這麼多也沒什麼鳥用，更別說三更半夜做夢時夢見自己還擁有著節操根本只會顯得自己極度愚蠢和悲涼。

有時甚至會夢見節操莫名其妙出現在我朋友身上，但隔天又離奇消失，但根本超好笑，我都沒有節操了，我腐友會有嗎！就是「物以類聚」這句話不管用，也還有「近朱者赤，節操盡失」啊！

王道ＣＰ的田裡一直都有農夫掉下去、進行一個耕作的動作，那就會讓萌那對ＣＰ的人永遠有糧吃；一個ＣＰ的糧食少得可憐，你就知道你在冷ＣＰ的凍土上，這不是廢話嗎！因為你沒有節操，你吃的ＣＰ這樣亂亂配，就別想著可以每餐都這麼幸運、能有別人為你準備啊！

有一天有位客人從遙遠的另一端ＩＰ而來，丟給我一本自己畫的十八禁同人當中竟然同時出現兩對ＣＰ，根本雙層牛肉堡豪華套餐超划算我超興奮，因為這樣還喊了同個坑的親朋好友一起來欣賞，沒想到，看似美好的ＣＰ皮底下竟藏著不為人知的超雷情節和play，那瞬間我和我的小伙伴們都驚呆。

我一個激動就「啊！」的一聲下跪了，不僅僅對其他腐友感到抱歉，更趕快拿出其他BL清水本來試圖清洗眼睛，但是清水本又怎麼能滿足我們這些沒節操的人呢？於是，一個腐友說：算了算了，當作年前加菜好了，對方也是一片好意。另外一個腐友則道：要永遠記住這次教訓，自己能避雷就先避雷吧！畢竟也不是對方的錯。

這首〈腐友沒節操行〉就是要告訴我們：掉節操也不是一天兩天的事了，如果真要在這之中作個選擇，與其沒禮貌，不如少節操吧！

青青河畔草，綿綿思節操。節操不可思，子時夢見之。
節操！我知道你還活著！
出來見我啊！
節操
夢見在友旁，頓時在他鄉。吾友各異縣，節操皆不見。
啊？！
節操！節操啊啊啊！
唔！節操！
啊！節操它！
王道致田豐，無糧知地寒。入門各自配，誰肯耕農田。
路有凍死骨…
喂喂！不要推！
要掉下去啦！
掉進一個深坑…也只好耕作了…
客從遠端來，遺我雙CP。呼友食CP，內有雷性癖。
這個…好雷…
怎麼這麼雷……
長跪讀素書，書中竟何如。甲言加餐食，乙言長相憶。
嗯！團購吧！
避雷針50組！

是隔離病院還是幸福社區

「院方廣播～院方廣播～院方緊急廣播請注意!!」

「一號病房正在唇槍舌戰！重複一次！一號病房正在唇槍舌戰！不是喇舌的那種唇槍舌戰請內部人員不要誤會！請護理人員立即前往一號病房制止病患！」

「二號病房發生槍戰！重複一次！二號病房發生槍戰！請該區域的相關人員立即離開！該區域壓力值目前上升至紅色警戒！請馬上離開！」

「三號病房發出靈氣！重複一次！三號病房整間被黑暗物質籠罩了！請驅魔組率領警犬和三太子前往！」

「院方廣播終於結束，謝謝大家的包容，也請各位以一顆平和的心迎接每一天喔！」

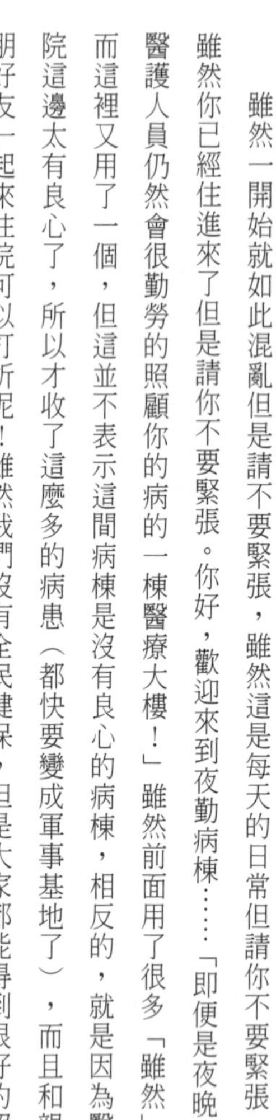

一號病房
開什麼玩笑?!
我們家XX當然是人氣角啊！
你憑什麼說他不如你們家OO！
二號病房
就叫你們不要把逆CP安排在隔壁病床了！
她每天早上三點都要對著東方晨拜
讓我很火大啊!!
三號病房
這位小姐請不要在院內作法，這違反規定…
慘了慘了…
按照這個步調恐怕四號房要…

雖然一開始就如此混亂但是請不要緊張，雖然這是每天的日常但請你不要緊張，雖然你已經住進來了但是請你不要緊張。你好，歡迎來到夜勤病棟……「即便是夜晚，醫護人員仍然會很勤勞的照顧你的病的一棟醫療大樓！」雖然前面用了很多「雖然」而這裡又用了一個，但這並不表示這間病棟是沒有良心的病棟，相反的，就是因為醫院這邊太有良心了，所以才收了這麼多的病患（都快要變成軍事基地了），而且和親朋好友一起來住院可以打折呢！雖然我們沒有全民健保，但是大家都能得到很好的照顧。

為了因應病患們的各項需求，院方設置了各部門和設施。分別是以下：

【各醫學部門】

急診重症醫學部門：

當發現有人因為「太萌」或「生活中沒有萌」而被送醫時，我們會安排年輕貌美的實習男醫生兩名（或是一群也可以）隨時攻……供病人差遣，病人的任何要求，兩名實習醫生都會為你雙手把他們自己奉上，因為實習醫生……**就是菜嘛**！

這裡的急診沒有檢傷分類基準，**因為每一種萌都有致命的危險！**絕對不可以分輕重緩急，像是病人太多時，我們會先派出男護士們軍團進行一個用生命來照護病人的動作，那效果也是一樣拔群。

外科部門：

基本上外科部門是在病友們多到一個數量時才又成立的部門，為了因應各種吵架打架造成的一般外傷和很不一般的外傷。

內科部門：

病友們被虐到食慾不振、胃痛、消化性潰瘍、不明吐血甚至連大便習慣都大幅改變時，接下來就是內科部門的事了。

心臟醫學部門：

專門治療後天性心臟病，尤其是心臟很小顆的，我們會加倍注意和集中護理。

精神醫學部：

這裡是相當熱門的一區，因為所有的病患幾乎都有精神上的問題，不管是神經衰弱還是神智異常，還是出現妄想、幻覺還怪異行為，這些似乎都是病人們的日常。尤其常因為追的番沒有即時更新而出現焦慮、恐慌等現象，甚至被萌到不行時會有上癮和失眠的問題，精神醫學部的醫生們會透過對於個人的深入訪談去了解症狀產生的原因，除了定期會一對一的輔導對談，有時更會進行多對多的集體分享和討論，進而達到治療的效果。

影像醫學部門：

包括放射診斷科和放射治療ㄎㄎ，我們不使用X光而是透過我們內建腐力線掃瞄眼的醫師來對患者進行特殊造影檢查，一看就知道你出了什麼問題，這裡絕對不是靈媒醫學部門或腐女下午茶聊心事部門。

復健醫學部門：

復健醫學部門裡首開先例的納入了中醫科，透過各項物理治療和職能治療，再搭配上中醫的穴位針灸和推拿疏通人體經絡，中西合併式的兼容並蓄就是要無所不用其極把作者再送回工作崗位繼續蹂躪。

這裡是作者的肉體復育工廠，壞掉的作者被送來這裡零件重組以及組織再生，就是為了不讓作者肉體死去、直接來到二周目的世界。

麻醉部門：

麻醉部門的存在意義就是讓狂暴化的病患能夠就這樣閉上雙眼……

泌尿部門：

這裡將會提供別家醫院的男性病患給大家圍觀其治療的詳細過程，這就是泌尿部門存在的意義和男性病患正確的使用方式。

眼科部門：

沒什麼，這裡就是負責幫大家定期做視力檢查的一個地方，然後一旦視力出現問題……就馬上轉往精神科！

其他部門：

像是你被作者撒糖撒到蛀牙時需要的牙科、對腹中新生命進行新式胎教（腐！）的婦產科、專為未成年者設立的小兒科、還有膝蓋時常因為中箭而碎掉的骨科、以及得了趕稿癌必須要早期根治的腫瘤治療科，我們夜勤病棟也通通是一應俱全。

作者部門：

一個鞠躬盡瘁的作者通常會有以下症狀，像是心律不整、血管栓塞、胸悶、胸痛、皮膚乾燥皮膚癢、貧血及異常出血、肝指數破表、頭痛、頭暈、癡呆、肛門間歇性病鎖、精神上隱睪症、尿道感染、痔瘡、肩頸僵化、慣用手殘廢、隨截稿日來臨復發之肥胖症、眼壓過高、視力減退、多到可以開蚊子館的飛蚊症、截稿日確定後的焦慮症、截稿日逼近的恐慌症、因不確定自己是否能如期交稿所造成的失眠、因睡眠不足而產生的注意力無法集中、明明不青春了卻還是一直長的青春痘、見到編輯催稿訊息就油然而生的心理困擾……斷氣!!這裡的作者部門即是可以透過分類和分析，即時將作者轉往各部門治療的部門，又有「夜勤病棟的分類帽」之別稱。

【院內設施】

閱讀區：

分為實體圖書館以及線上圖書館，接近天文數字的ＢＬ精緻套書與作者限定精裝本隨時都有庫存以供出借，不管是商業誌或同人誌規格皆有，各國作者作品任君挑選，因有自動化中譯本，所以語言不通也沒有問題。如果不想花五分鐘時間走到圖書館或是你根本已經和病床核融合的話，可以選擇按下病床後方的按鈕，線上圖書管理員將會以４Ｄ導覽的方式，讓你從選書到翻書，都不用移動半步。

親子遊樂區：

說是親子遊樂區不如說是被丟下的「親」或「子」都在這區，當住院的小孩或爸媽又消失在醫院的某個角落時，被丟下的親或子就可以在這區暫時買買咖啡看看報紙，放鬆一下心情，算是整棟醫院最接近一般人生活的生活。

停車場：

身為一間醫院，設置停車場也是很正常的事，當然，在停車場外邊的草叢裡設置防盜攝影機——**防止有攻受正在打砲我們卻沒看到**，也是很正常的事。

各同人場免費接駁車：

即便你早上去參加A場、中午參加B場、下午參加C場、晚上參加星光場且各個地方皆距離360公里遠，醫院配置的免費接駁車皆有辦法準時且安全的將你送到目的地，讓你開開心心出門、興奮到不行的回家。若是跨國同人場次也絕對沒有問題，雖然「還沒有」專屬於醫院的機場，但目前我們使用空橋運輸，讓你連從病房離開都不用，我們直接把你和病床裝箱，從醫院到機場，從本地機場到當地機場，從當地機場到當地同人場，你都不需要離開你的病床集裝箱。

運動大樓：

每一層樓各是一個種類的球場，像是一樓羽球、二樓桌球、三樓足球場、四樓棒球場……球具和教練時常更新汰換以保安全和美觀。不僅提供了完善的環境讓大家可以揮撒汗水，有的時候職業球員還會來這裡跟大家一起打球、踢球和談論比賽時是如何與敵對球員化競爭為友♂情♂，就是為了讓大家更喜歡運動，而不是只有去參加同人場的時候才運動到。

24小時不打烊小店：

若無法滿足於院內閱讀區的出借功能而想要永久收藏作品的話，院區的24小時不打烊小店能提供各式書籍與周邊，因與各家網路書店皆有合作與優惠促銷，所以辦會員卡會更划算，買多少賺多少。

跳蚤市場：

讓病患定期出清及交換自己的各項收藏品或創作，甚至院內也會舉辦同人場次讓大家定期一起同樂。

鍊金術室：

提供客製任何商品的服務，除了目前無法人體鍊成以外，其他的東西均有辦法按照客人的需求製成，一切都是等價交換。

固定班底：

除了定期邀請小野大腐、神谷浩史、宮野真守、福山潤、羽多野涉、鈴木達央、寺島拓篤、杉田智和、浪川大腐、石田彰、立花慎之介、平川大腐、鳥海好腐、內山昂輝、齊藤壯馬、江口拓也、小野賢章、柿原徹也、福島潤、細谷佳正、井上和彥、增田俊樹、下野紘、野島健兒、津田健次郎、吉野裕行、遊佐浩二、安元洋貴、代永翼、岡本信彥、前野智昭、石川界人、山下大輝、島崎信長、松岡禎丞、逢坂良太、木村良平、花江夏樹等人氣聲優來院舉辦演唱會以及廣播劇現場朗讀……呼嘶哈……（差點斷氣）；更不定時邀請傑尼斯事務所內藝人來院辦簽名同樂會以及邀請Tom Hiddleston、Benedict Cumberbatch、Martin Freeman、James McAvoy、Michael Fassbender、Orlando Bloom 等國際巨星來院舉行見面握手會，讓大家跟他們一起呼吸同一個空間的氧氣呼……嘶哈嘶哈。（再度斷氣）。

我們的目標不只有日本圈和歐美圈，不只有聲優和演員，包括亞洲地區各國、印度、荷蘭、加拿大、俄德法美中澳義英……唱歌跳舞主持實況劇場配音演藝等娛樂也都會顧得周全。

溫水游泳池：

除了各項ＳＰＡ、烤箱、蒸氣室和健身器材等基本設施，我們也會安排很多健泳男子穿著各種不同的泳褲在此區 stand by，讓病患們不管是在哪個季節，都能感受得到夏天和春天。

緊閉室和綑綁室：

此區提供給有特殊要求的ＶＩＰ病患們使用，因有窒息或其他意外發生的可能，進入緊閉室和綑綁室時須出示證件或擔保人。當有心理上的需要或是寫作時缺乏靈感，都可盡情使用這個地方。

裁縫工藝室與一個侏儸紀公園那麼大的攝影棚：

如題，就是一個侏儸紀公園這麼大，即便是想要拍攝侏儸紀公園的角色扮演，我們都能協助製作出相關場景，這裡提供給喜歡 cosplay 的病患一個安心舒適的空間製作完美的服裝和各式道具，為了服務品質採預約制。

錄音室與電腦室：

給喜歡唱歌和製作ＢＬ抓馬的朋友一個專業的錄音室，從麥克風到混音器材、從

跟小夥伴一起『暖桌火鍋』，
超愛跳蛋！
對對對！就是跳蛋！
邊吃邊討論下次新刊分鏡。
想和地板融為一體…
啊啊…
累了就懶躺在病房內的木製地板上耍廢。
也有針對一些（比較變態的）BL劇情而特別建造的情境式建築可供拍攝和參觀，
確定網點全部都貼好了嗎？
平價且專業的印刷廠就在院內
我去A棟治療了喔！
妳走好喔！
有美輪美奐且分類專業的大樓，
這哪裡是個醫院…
根本是個幸福社區啊！
像是老舊大樓、教室、保健室、停車場等等。
想請你擺出這個姿勢！
對！就是這樣不要動！
自然也有放鬆身心的綠地和公園。
（公園也開放給很多院外男子）
還有很多病友陪妳。
BL♥
買！
都買！
購物中心也是少不了的。

爵士鼓組到小提琴等澤野大神會用的樂器一項不缺。以及電腦室裡更是有著搭載高效能高規格主機配備的電腦和相關硬體設備，讓病患們養病之餘還可以做廣播劇做配樂做虛擬歌手做動畫什麼都做忙死你幸福死你。

這不是扭曲的同居生活，而是病友的同居大計，是藍圖中的集體治療。千萬不要說我又拒絕吃藥，我每天都很努力地想要在這間醫院治療。只能說規劃一個自己心目中的幸福天堂真是每個女孩的夢想啊（還是只有我？

正因為有妳，才成就了她

某天三更半夜，一個名字裡有鳥但褲襠裡沒有鳥的作家友人傳了LINE給我，因為好久沒聊了，本想先寒暄個幾句，沒想到對方根本不給我喇賽的時間，劈頭就是一陣感謝，當下還在納悶說是要謝我什麼啊？如果她是劈頭就給我一巴掌我可能還覺得心情比較平和，結果竟然是特別來感謝我本人很變態這件事，我一陣錯愕，想說這女人大概喝了酒。先不說我本人在她心中竟如此變態，再來為了這種事感謝我，我也是不能在除夕夜的飯桌上拿出來說嘴的啊！因為這事不管在情感上還是邏輯上都不太對，所以我問了她，得知了事情的始末。

簡言之就是這女人在游泳池邊，因為看到了某個男生的背面還是下面我忘了，她覺得很喜歡，所以一直想辦法要看到那個她滿屬意的男生的正面。她覺得這樣的自己很變態，所以心情上有點沉重……但隨後又想到世界上的角落還有一個叫做摸哥但性別不是男人的女人才是真正的變態後，她釋懷了。

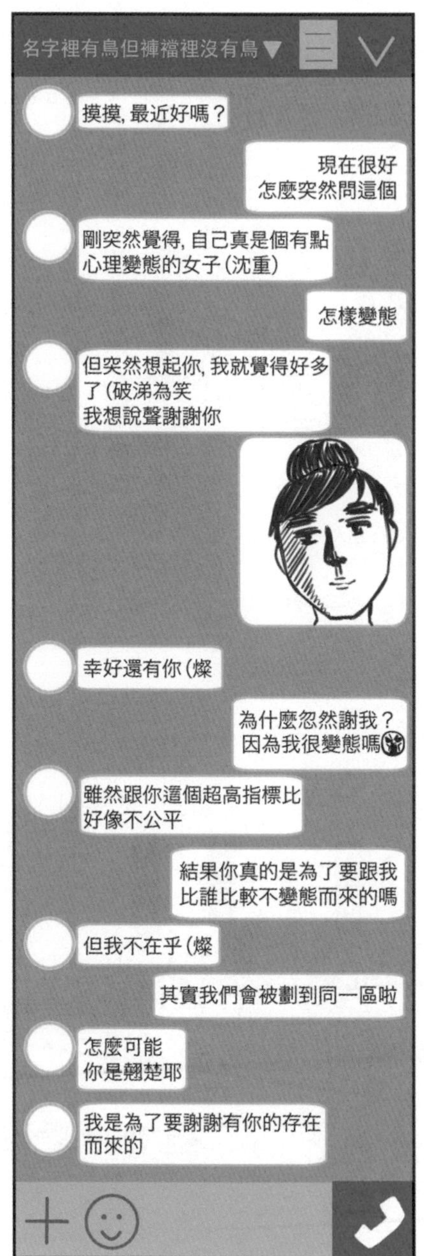

OK啊！我完全不介意她真的就是來感謝我很變態，而且還一直強調這件事，打到這裡「變態」這詞已經出現第六遍了；我也是完全不介意待在純潔VS.變態光譜的最右邊啊！但是為什麼需要沉重啊！不過就這點事情!!我打在LINE上的回應是沒有起伏的，但心中正在東京地震8.0、三觀正在崩塌啊！還以為她是做了什麼偷走人家內褲的事（順帶一提我也不是會偷人家內褲的人喔！）結果只是因為一連幾個日子被壯男的背影煞到，結果特地埋伏著想看正面罷了……多麼小女生，就是個即將戀愛的少女啊！~~（現在的有些少女漫畫都比她髒多了好嗎！）~~於是我忍著剛才那句沒講、鼓勵她假裝近視，就這樣瞇著眼睛走到對方面前看回本，如果有幸在對方面前假裝跌倒滑壘，說不定還能製造點什麼意外、直接滑進本壘呢！

我當然知道那個「名字裡有鳥但褲檔裡沒有鳥的作家友人」覺得我很變態，但我變態不是因為ＢＬ才變態的！《元氣囝仔》裡的珠子曾經說過：「雖然腐女是低俗的，但ＢＬ卻是高貴的。」我們可以將之理解為「千錯萬錯都不是ＢＬ的錯，只是剛剛好ＢＬ解放了我。」妳不變態也不是因為妳本來就不變態，妳只是因為在我旁邊所以

顯得比較不變態而已。當妳為了自己在廣場上穿著開高岔泳裝而感到困窘不已時，不要忘記我是裸體（而且還剃了毛整隻光溜溜）以雙腳大開的驚人姿勢站在妳旁邊啊！大家不看我要看誰呢？（菸

當社會大眾試圖以世俗眼光來束縛妳，有我用肉身擋在妳面前；當妳不願意面對真正的自己，那我就讓妳面對我，看看我的灑脫，看我大脫特脫、說裸體就裸體，BL解放了我，然後我解救了妳。我們是條食物鏈的關係，而BL依舊在金字塔頂端，BL拯救了妳，BL也拯救了世界。

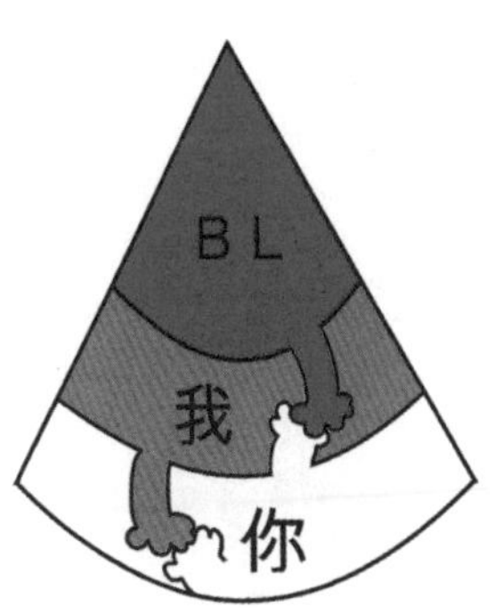

不過呢，很不幸的，據說後來那段感情莫名其妙的就無疾而終了，ＢＬ大神就算可以拯救世界但終究無法拯救ＢＧ的戀情……細節怎樣我並不清楚，但大家應該也不想知道所以我還是別講了吧！雖然結局是如此，但從這次以後我就知道我永遠會是她強而有力的精神護盾之一，有什麼比我在旁邊更安心？有什麼流言蜚語、社會刻板印象會繞過我先攻擊妳？妳做妳的美嬌娘，我做我的牛魔王，我一點也不介意人家覺得牛魔王身上很多毛，跑到人家家裡還會把對方的小孩嚇一跳，我就覺得牛魔王頭上有角、牛魔王本人還很炫炮。那個「名字裡有鳥但褲襠裡沒有鳥的作家友人」還有另外兩個友人也是堪稱腐界中的渾沌魔王，我曾經建議她用項圈牽我們三個一起出去外面散步，結果被斷然拒絕了，可見三位

一體攻擊力多強……呃不是！其實一隻就已經很強了，光是在路上遇到一隻腐女子，就好像在遊戲中抽到陷阱卡一樣有夠雅敗，隨便去夜市撈一把腐女子，每個戰鬥力和防禦力都破表啦！

私以為人人都該交個腐女朋友，因為妳再也不必被困在道德的夢演魘裡，不管是「一起同流合污」或「只要有我在，妳就不會最變態！」都能讓對方有身心解放的感覺。有時候人和人相處的動態平衡就是這樣——正因為有妳的變態，才成就了她的純潔啊！

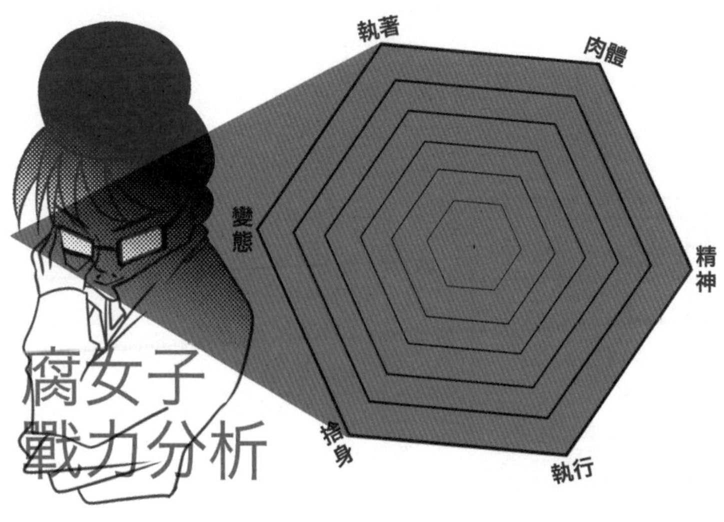

有關肉的一些小事

肉，它是由蛋白質組成的，然而這不是重點，重點是一個「肉」字，它背後有很多故事，有很多都市傳說。

【肉與日常生活】

＊當妳在燉肉時，妳爸媽好像比較容易衝進房間。

＊當妳在看肉時，妳爸媽一定會衝進房間。

＊當妳在同人場上賣肉本的時候，有比較大的機率會遇見同事竟然在逛攤。

＊在賣肉本時，有很大機率會因為封面採用炫光紙而造成本子太滑直接往前噴發撒在走道上的窘境。

＊第一次燉肉之前，妳花了很久很久的時間克服一股莫名的恐懼，然而燉過第一次肉之後，妳無法克制的一直燉肉，燉肉就像是打手槍一樣，會上癮，都不知道以前不燉肉的自己在堅持什麼。

＊燉肉前看了很多ＧＶ當作做功課，但看完ＧＶ後就很滿足的睡覺了……不是……妳倒是給我起來寫文畫畫啊！

＊第一次看肉之前，妳什麼也沒想，妳只是不知道H是什麼意思，不知道R18是什麼意思，以為關鍵字上標的肉漫兩字就是真在製作肉的料理，妳以為會看到深夜食堂，結果妳看了深夜成人食堂不停在吃美味棒，妳一夜長大，自此妳為肉而瘋狂。

＊有時候很煩躁的時候會想要吃肉，但吃不到好肉會加倍煩躁。

＊吃到好肉的那晚，會睡得很香；隔天起床，皮膚會變很好。（是有多依賴！

＊當有肉漫的地方就是網路的烏托邦，沒有爭吵，沒有紛擾。只有「樓主一生平安」，

只有「感謝大大無私的分享」。

＊把肉漫當文青漫在畫沒人鳥妳，但是反過來就讓人欲罷不能。

＊長期吃素的人會漸漸忘記肉和蔥蒜的味道，但在ＢＬ方面偶爾戒齋幾天，久違的肉會好吃到想要掉眼淚（也太脆弱。

＊肉就是戒不掉，非常糟糕。

【肉與ＢＬ】

看人常問：「腐女好像大部分都很喜歡有肉的ＢＬ，尤其越是激Ｈ的賣得越好？這樣我要下海畫ＢＬ是不是要先練習一下體位？」

我只能表示，肉，當然是會喜歡吃的，但有時看到一些一直做、不停做、照三餐做的ＢＬ，還是會覺得「一直做是怎樣？精盡人亡不說，是想鐵杵磨成繡花針嗎？」

想要看肉有時是因為壓力大，但如果肉太多，光看壓力也是會莫名增大的啊!!身為一個食肉重症患者，還是會想要愛護清水系ＢＬ作家，那些人都是瀕臨絕種的稀有類植物，我很願意為了他們設立一個「沒有肉之ＢＬ自然保留區」，漫長的人生裡沒有體位不能活，但不能時時刻刻都是體位的展覽會啊！身體會受不了而壞掉的。

【肉與少女漫畫】

看少女漫畫時，到一半男女主角做了（只是隱晦地暗示他們做了），結果一些少女在作品討論板底下崩潰著說還我純愛，氣翻的氣翻，棄番的棄番，這讓很順順看下去的我不知如何反應，其實只要劇情流暢，我並不忌諱做了還是不做這點小事，更何況其實有很多女主成功立了貞節牌坊但劇情也就真的跟屎一樣難以下嚥。不過也許少女們就是很介意主打著檸檬蘇打系的純愛少女故事忽然變成了柯夢波丹吧？我也是可以理解的，每個人的品味和萌點雷點本來就不會一樣，不過想想我國中就在看《快感指令》了，這對我而言完全就是小菜一碟呢～倒是在面對班上男同學在公開場合對著我勃起了的這件事，內心動搖到不行，當下是真心的想拿 M40 把對方那邊打掉，但我終究還是忍住了。跟這類事情比起來，我想我願意給二次元很多機會和很大的發展空間。

腐女圈圈和非腐女圈圈對於ＢＬ與ＢＧ、肉與不肉的想法

腐女	ＢＬ	ＢＧ
肉	＃喜食肉的腐女幾乎將Ｈ視為ＢＬ故事結束的里程碑，也就是說如果他們看到故事最後一頁，卻發現沒有肉的話，**會相當的震驚！** ＃在這個素食腐女活得很艱辛的年代，他們如果發現一本ＢＬ沒有肉，**會比食肉的腐女更震驚！**	＃純血腐女**純粹不接受ＢＧ。** ＃有些腐女可以接受ＢＧ肉，俗稱**腐乙混血兒**，對於ＢＧ肉甚至**也很愛**、不亞於對ＢＬ肉的喜歡。
不肉	＃喜食肉的腐女不會不接受清水，頂多有時會有**ＢＬ肉的禁斷症狀。** ＃吃素的腐女對於帶有Ｈ描寫的ＢＬ比較無法接受，而這之中每人接受程度不一，有些可以接受暗示性的Ｈ，**有些人則是光看到攻受兩人寬衣解帶就要了她們老命。**	＃純血腐女**純粹不接受ＢＧ。** ＃有些腐女**只能接受清水的ＢＧ**，也就是談談戀愛、親親小嘴可以，但要進一步到床上去就不行。有些人是單純不能接受床戲畫面，有些人是連隱晦帶過都無法接受。

非腐女	ＢＬ	ＢＧ
肉	＃非腐女之中有分為討厭ＢＬ和不討厭ＢＬ的，討厭ＢＬ的光看到ＢＬ就不接受了。 不討厭ＢＬ的在看到ＢＬ的肉後，其中**有些人就愛上ＢＬ了**（咦。	＃非腐女且喜歡ＢＧ的人裡，部分的人很喜歡肉，幾乎就是她們對於現實裡ＳＥＸ的幻想。 不過不接受肉的少女還是大多數，雖然R18乙女遊戲很讓人心跳加速到直接死掉，但果然對於她們來說，果然還是**遊走在R12的邊緣**最符合那純純而又蠢萌蠢萌的愛。
不肉	＃無肉的ＢＬ是很棒的推坑物，大家不要再說娘受根本是女人、很雷了，他可是**重要的腐女產生器**啊！ 非腐女的人士通常會對ＢＬ卻步的原因多半是因為性愛描寫得太奔放，普通人真是一下子沒辦法適應，但若是妳給他從**淡淡粉紅的清水系**開始溫水煮青蛙（X），也許哪天非腐女就不再拒絕腐了。	＃無肉的ＢＧ可說是**王道**了，可見大部分的人還是喜歡純愛系故事，**男主就是男神，女主角就是自己。** 不過像那種男主角是鹿島，女主角是學長的也還在我們討論範圍內。以及刀劍桐子**姑且也還算是男主**，你們別對他想入非非啊！（只有妳

腐女時常說著超淫蕩的話，好像對男生很了解的樣子，事實上卻是被男性一逼近就滿臉通紅，這正是典型二三次元靈肉分離症的主要症狀。有些腐女可以接受ＢＬ的肉但對自己身上的肉根本不在行啊你不要逼我!!……欸不對……你不要逼她啊！

為什麼她不讓我碰她

有些阿腐幻想著男男戀情的同時，有時在有閒情逸致的狀態下，也是會把多的（配剩下的／男主用剩的）男角或本命留給自己用的，這就是腐乙混血兒的日常，平常這麼用心在別人的戀情上，偶爾也要給自己福利嘛～所以幻想男角X自己也是很正常的，當然自己X男角的幻想也很正常，但目前不在我們討論的範圍內。

如果有聽過環繞式音響的耳朵和心靈都懷孕之乙女十八禁碟就會知道這實際聽起來比男性向的糟糕物還要讓人害羞啊！

（糟糕好像暴露了什麼）認真說起來，不管是乙女十八禁、BL十八禁還是男性向的十八禁作品，都是很讓人害羞的，所以說問題根本就出在十八禁上面啊！儘管十八禁很讓人害羞，十八禁的作品卻永遠是賣得最好的。越是包著緊緊、不讓人看的東西，就越是有股魔力吸引人去打開潘朵拉的盒子，像我本人就是沉醉在肉的世界無法自拔，不管是乙女向的肉還是腐向的肉還是男性向的肉都深深吸引著我！

不過你可別光看食肉腐女在這世道橫行無阻就以為腐女們全都是肉食女，食肉女和肉食女在根本概念上是不一樣的，也就是無法接受現實中男性的腐女是的確存在著。這裡說的不能接受並不是指畫風不對的那種不能接受，而是身體的每一處細

恐男症分兩種
「恐怕男性一觸碰到自己，就會馬上報警」的恐懼。
「男性長得畫風不對時、會毀了自己想像」的恐懼。
離我三公尺遠！
已經不止三十公尺了吧？
對不起！我沒有文化素養！
不行…畢卡索的畫風我萌不起來…

胞都在抗拒著現實男性。對到眼？不能！在同一空間？不能！說話聊天？別想了。即便對於各男角的棒棒如數家珍（不對）也對於往男角的屁洞裡面狂塞手指頭沒有任何抗拒的意思、不如說是很高興，卻沒有辦法接受現實中的男性碰自己一根手指頭。這到底是對性的抗拒，還是對現實中男性的抗拒呢？又或者是單純討厭肢體接觸？又或者是根本討厭跟人類接觸呢？「人類好麻煩，生存好麻煩，地球好麻煩。」

首先，怕麻煩症候群是一項，我要稱這個在這21世紀開始流行起來的病症叫做怕麻煩症候群，簡稱常態性人體節能模式開啟過度症候群（根本沒有簡稱！）尤其好發在人生事業剛開始暴衝、覺得生命和時間都非常寶貴，不是特別外向然後體能也不

行的人身上。常常可見罹患此病症的人類能盡量面無表情就面無表情，若非必要，會自動關掉只要是人類幾乎都有搭載的內建APP，包括面帶微笑APP、講話具有適當抑揚頓挫APP、嘗盡人情冷暖所以可以事事體諒包容兼為人設想周到之APP、與人聊天打屁嘴砲一下午的APP以及進行無差別社交的APP。在所有APP都關掉的情況下，人體系統會運行得相當順暢，減少不必要的身體垃圾和心靈上的垃圾，此時你就會發現自己能有比較多的精力和時間去做自己真正想要做的事，也是因為這點，所以進入省電模式的人類漸漸多了起來。他們不是不會社交，他們只是不想社交，廣義來說其實社交也算一種體位，需要耗費很多力氣的。

再來，肢體接觸，如果你現在手邊有網路，你可以試著在上面打上「摸哥」兩個字，緊接著你會在下面的建議搜尋欄裡發現一項叫做是「摸哥哥的雞雞」，我要重申，那跟我一點關係也沒有，雖然我是摸哥，但摸摸一點也不想要摸哥哥的雞雞（摸哥本人也沒有雞雞），不如說是摸哥其實沒有很喜歡跟人做身體上的接觸，注意！這裡的身體接觸指的是一般的身體接觸，並不是你想的那樣好嗎快回來。一個人開不開朗，肢體語言好不好，那都跟他喜不喜歡與人有身體上的接觸沒關係，有些人天生愛溫暖、也不會排斥與人握手作揖甚至拍肩擁抱；同樣，有些人天生害怕與人相處甚密的親近感，又或者是他本來就討厭別人碰到自己，因為身體很敏感！你沒有看錯，就是身體很敏感，不論是碰到會不舒服還是碰到了會太舒服，對於身體接收到的感覺反應太強烈其實也是一種困擾，你應該很難想像一個人只因為跟陌生人擠電車擠著擠著被公事包揉著揉著、就獨自一人在人滿為患的車廂內前往極樂世界吧（字面上意義？那不是一件說「你身上有靜電所以請你離我遠一點」就可以草草帶過去的事情啊！

在只有精神上會接觸到的平面世界中，想要上爛他的男人多到可以搖到外婆橋，

但覺得現實中可以做為男友的卻沒有幾個，這涉及到好幾種因素。首先是害怕人類的體溫，並不是戀屍癖，只是覺得一整天和伴侶甜蜜蜜黏踢踢實在是失去了自己的時間和自由，因為要和一個人交往就不能把對方當空氣或工具，要好好感受對方的心情，所以一旦兩人價值觀不同，照顧男友就有可能像在照顧小孩一樣，那老娘不如照顧一條抱枕，至少它只要春夏秋冬各洗澡一次。雖然不會跟妳談心但妳看著它就很開心，雖然沒有實際上的身體曲線但它會在妳抱著它睡覺時，配合妳的動作、變成妳想要的樣子，雖然冬天沒有人能裹著妳取暖，但其實地球現在暖化得很嚴重，都已經12月中了在台北街頭竟然可以穿著短袖散步，怕冷的人根本不用擔心天寒的問題，像我這種根本不怕天寒也不怕心酸的人，我是覺得自己可以帶著抱枕心和35個枕套去區公所辦理結婚登記啦！更別說根本一堆人想把戶籍遷到D槽裡。

「因為活著的人，對自己來說，不安全。」

很多人都聽過恐男症，甚至也有幾部ＢＬ作品有提到男主角有著恐女症，這並不是憑空杜撰的病症，這個有點類似強迫症的情況來自生理和心理的各方因素。我不是醫生，無法拍著胸脯跟你保證自己有多了解恐男症（實際上我是比較了解控男症啦），但我可以告訴你，每個有著恐男症的女性背後都幾乎有著關於男性不好的經驗，身邊的人應該多體諒一些並給予適當協助。沒有過戀愛經驗的人下意識保護自己是很正常的事，不管是在心理層面還是肉體層面。有時僅僅是想像一段男女關係，都可以感覺自己懼怕著幻想中男性的狂暴，因此有些女性走上了想像男男關係的路。有些人認為愛是聖潔的，自然認為肉體關係也要純粹而不帶一點污染，這時建構在精神世界裡的BL會是她們很好的歸屬。像是一張複雜而綿密的網，縱橫交織出了堅硬而又柔軟的浪漫，也順便將自己保護起來。

這幾年因為年紀也漸漸大了，看的事情一多便漸漸了解很多事物並不是自己所看到的那樣，有時表面春暖花開實際上卻是天寒地凍；一直以為是平靜無波卻料不到底下已然暗潮洶湧。一個人喜不喜歡一件事、對方是個怎樣的人，真的無法靠自己的觀察和經驗去隨意的私自斷定，若真心想和一個人交往交際，便要用盡一切辦法去了解對方、感受他／她的感受，而不是一味的把對方想像成你要的樣子。所以有個男性曾經來信問我：「為什麼我的女朋友不讓我碰她？（性的意味）」先別管為什麼有人要問我這種事好了，其實我也不知道女友為什麼不讓男方碰她？因為那是他們兩人要去溝通的，但想想在溝通的期間反正也沒事做，那不如換她碰他吧？生命說不定會因此找到別的入口（真心誠意。

我想要再跟大家回顧一次這個恐怖的故事──
前年的某天下班回到家時，
疲累
我下班了⋯
咻咻
正巧撞見
有三個陌生男子要衝進我房間!!
花哈噴?!老爸！現在是花哈噴?!
雖然正式工程是從明天才開始，
就裝潢的人來做裝修前的準備啊！
但實際上是在今天晚上就要量了。
騙人的吧啊啊啊啊啊啊
我房間東西收到一半

啊啊啊啊啊啊阿阿阿阿
等
一
下!!
但是一切都…
來不及了
肉本摩天樓
CP海報
充滿宅物的櫃子
…
肉本田
廚廚海報
一堆電腦
BL分鏡
周邊
手辦
肉海報
不好意思、我們想要做一些記號…
我、我挪一下!
!
齁
Holy Shit…
(倒吸氣)
陷入混亂和絕望
緊張程度破表
掉落
飛濺的肉本們
R18
R20
掉落
想要看一下背面的牆壁，
櫃子稍微挪開一點…
櫃子挪開就被看光啦!
我、我來!!
在那之後
這邊也是稍微挪一下…
我喔喔喔喔喔喔!!
手辦!!早知道昨天就不給影山穿裙子了啊啊媽媽救我!

平常有把體位
寫在便條紙上
穿著褲子抓著腳
接著貼牆上的習慣…
那個…
這些…
…
欸?!
真是他媽的壞習慣
啊啊啊啊啊啊啊啊啊
真作死
馬上好!!
啊,慢慢來
沒關係。
我不要!!
千手觀音收拾法
後來他們
還在我房間…
瘋狂的拍照…
喀擦喀擦的,
妳要吃宵夜嗎?
我還以為是我幻肢
被剪掉的聲音…
不了…
今天不用…

基本上，被稱為地表最強生物的腐女子如果哪天真的死了，那一定就是死於羞恥感了，「讓你羞恥到死」這句話的具體展現，就好像角都第一次被鳴人的螺旋手裡劍尻到時，那裡裡外外被查克拉針刺得一蹋糊塗、被蹂躪著斃命的光景。說起來「羞恥」這種東西很奇妙，亞當和夏娃在偷嘗禁果前也覺得裸體不是什麼大不了的事，我想腐腐們之所以感到羞恥應該是嘗到名為社會眼光的果子吧！日積月累的不成文規定形塑、揉捏著腐腐們的內心，所以你也是可以看到有一些人絲毫不在意他人眼光，那些就是沒在嘗果子、都在吃肉人，人類之所以會有羞恥感真不知道是種進化還是退化。

說起來，羞恥感到底是從哪裡來的？ＢＬ到底有什麼好羞恥的？身為腐女有需要羞恥嗎？還是作為一個人本來就會有些羞恥的時刻？這也是我一直在思考但是又覺得思考這些「我是可以加薪嗎的問題，基本上人會「感受到羞恥」到底是源於對「性」的禁忌感，還是因為覺得自己在做的是不對的事？做的是特殊的事？還是為這個還沒走向大眾的特殊文化感到羞恥？又或者根本是個性上本來就比較容易害羞？那如果是先天害羞病發作那根本無所適從啊！你光是輕輕瞟她一眼她就臉紅到天荒地老海枯石爛了。

一般腐女在羞恥心這塊可大致分為三派：

一、**抬頭挺胸派**

對於ＢＬ完全不羞恥還很自信，大多會主動告訴第一次認識的人自己是腐女，彷彿ＢＬ就是自己華麗的外衣，而她們無時無刻不走在伸展台上，舉手投足充滿自信。希望芸芸眾生在看到自己沉浸在ＢＬ中就好像在與人談戀愛那般美麗，她們要全世界都知道ＢＬ就是女人最好的化妝品。

二、**順其自然派**

平常不會刻意隱藏自己腐女的身份，但是被發現時還是會覺得小羞恥，可能是因為工作場合較嚴肅、不方便出櫃的關係，也有可能是因為三次元的個人形象與平時在發廚的型態相差太遠，導致本人也有點靈肉分離、無法自然接合的狀態。

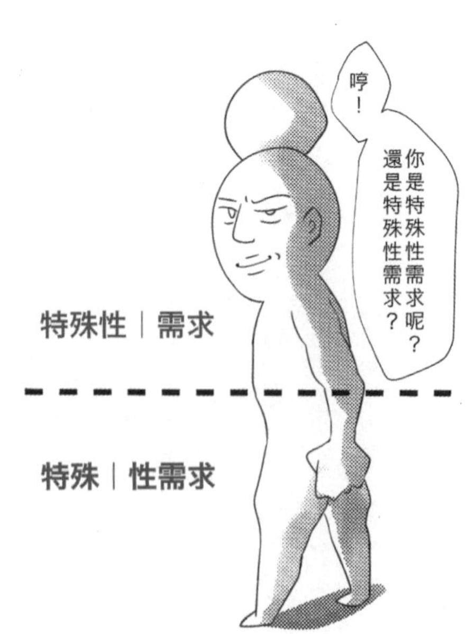

三、**紅色警戒派**

無法忍受自己的興趣被旁人發現，這類人通常對於自己的隱私極為重視，甚至不小心被發現時會懊惱羞恥到困窘自厭的地步。平常可能是個好好先生或好好小姐，可是一旦牽扯到性命攸關的私人興趣，有時連絕交之類的事都做得出來，並不是玻璃心，只是比一般人還要再纖細敏感 89000 個百分點（也太多。

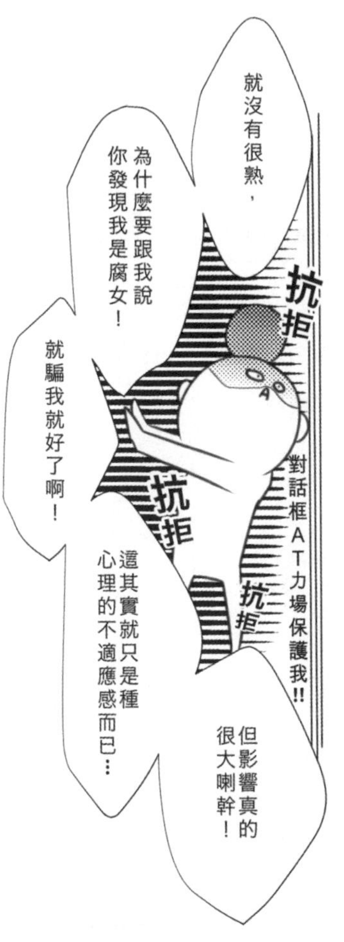

對話框AT力場保護我!!
抗拒
抗拒
抗拒
就沒有很熟，
為什麼要跟我說你發現我是腐女！
就騙我就好了啊！
但影響真的很大喇幹！
還其實就只是種心理的不適應感而已…

我想我應該是順其自然那一派的，而且我並不是真的那麼怕被發現，除了和半熟人解釋也不是、不解釋也不是真的很麻煩以外，熟人和陌生人其實還好，雖然特力屋事件發生的當下是真的很想死，但想想日後也不會再見面了……大丈夫！萌大奶!!就跟一夜情一樣，只要之後不要發生什麼巧合到像是漫畫劇情一樣的情節發生，我覺得往事隨風是一首不錯的ＢＧＭ。

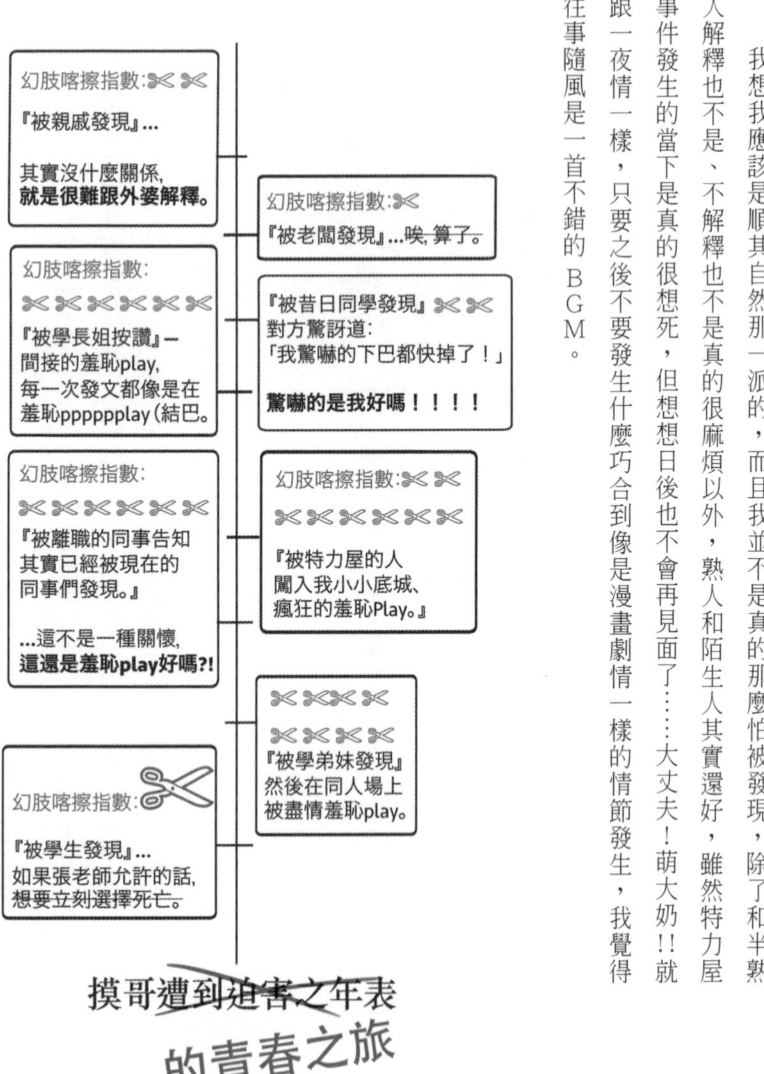

我記得我曾經講過「關於腐女如何表達自己對一個人或角色的喜愛就是想盡辦法成為對方身上的配件或器官」因此上次我發現有一個人她的暱稱是「二宮和也的痔瘡」時，除了我覺得變身成痔瘡實在有點太潮以外，這沒什麼，這就是愛，就算想要進一步成為內痔都沒問題……萌大奶！這就是一種不畏懼任何羞恥的表現！當然很重要的一點是，如果今天沒有人發現那個人的暱稱，那麼那個暱稱就是她的小祕密（雖然現在已經不再是祕密了）。但我沒講過我有個同人場上認識的腐友——老王的事，老王平時是一副非常非常非常非常正直兼平實老實樸實、就算把全宇宙最誠懇質樸的詞都用在她身上然後她就此出國留學念博士也不為過的一個人，Ｂｕｔ！老王其實是個病重的阿腐（但好像所有的阿腐都很病重），老王不吝於對角色付出愛，老王特別喜歡用攤位名稱來展現自己廚到不行的腐力，於是老王在有次同人活動上把攤位名稱取作「這麼巧，我在牛若的胯下」。於是主辦單位打電話給她確認時，她要當著別人的面說「攤位名稱？是『這麼巧，我在牛若的胯下』。」「哦？『這麼巧，妳也在牛若的胯下嗎』？」「是，這麼巧『我』在牛若的胯下！是我!!是我在牛若的胯下！」於是老王知道了取攤位名稱這件事要謹慎小心，所有的作者都知道取攤位名稱就跟「和印刷廠師傅核對ＢＬ肉漫的嵌字」時一樣，都務必要多多小心或是**乾脆拋棄羞恥心**。

妳要說老王羞不羞恥？羞恥！當然羞恥！不然她也不會跟我們一群腐友分享她的

羞恥了，羞恥到她一講出來我們也跟她一起羞恥、搞得好像我們才在牛若的胯下一樣，這樣牛若的胯下會很擠啊!!但老王除了審慎小心以外，她有沒有選擇從牛若胯下搬遷出去？沒有！老王她依舊是釘子戶！她就是不想從牛若的胯下搬走！這印證了「覺得羞恥」和「繼續保持著腐力」是兩碼子事。

本來當初會決定專寫腐女事，除了是自己很喜歡ＢＬ以外，也是因為在這領域可以比較不容易遇到認識的人我就可以外放一點。當然後來事實證明了，這些只不過是我的一廂情願，因為這圈子沒有我想像中的那麼小，紙終究包不住火、而我被綁在卍字架上熊熊燃燒。所以相對來說，在腐圈真的遇到了認識的人，心情上會加倍衝擊就是了!!……:D（試圖保持鎮靜和微笑。

近期內我對自己的訓練是：就算在看極度骯髒的東西，面部表情也能和在看社會新聞時一樣憤慨而正義凜然的。身邊的人看到我，完全只認為我在看很令人生氣的東西，我是不曉得我這樣好不好，但好像自己又更接近了神的領域啊！

簡直要憋出病！

腐友:
某天回家看到自己凌亂的房間...
被整理得一乾二淨...
桌上還有一張字條...

當下只有一陣想挫賽的感覺。

Part 4

「經驗養成」

——————屌打你的各方敵人

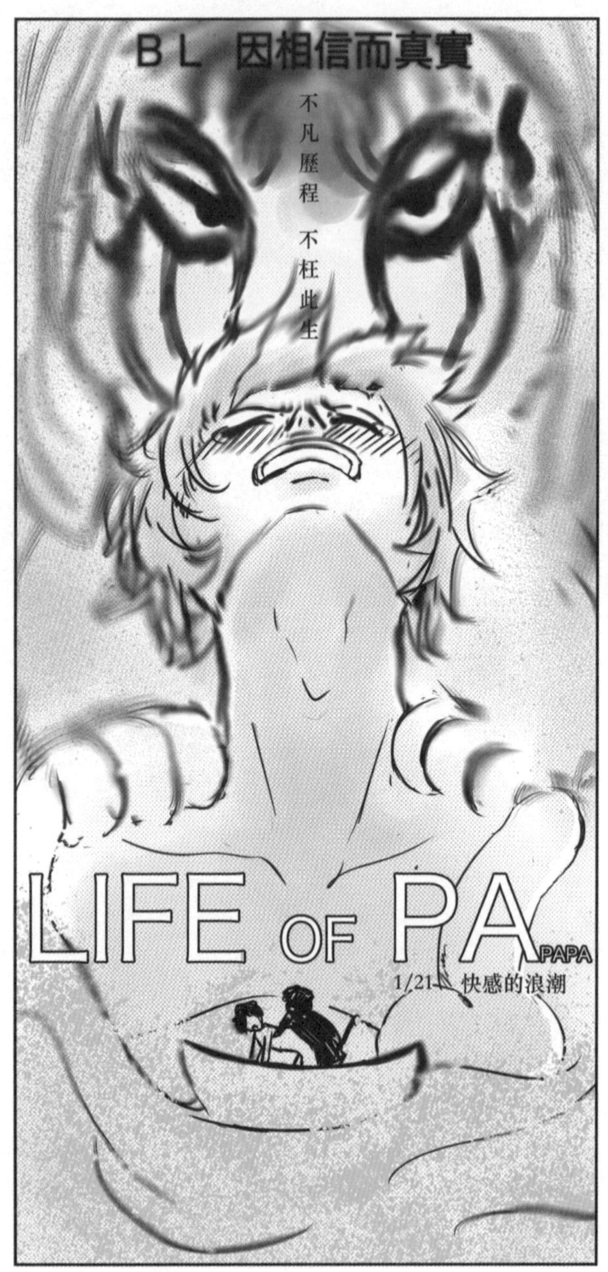
BL 因相信而真實
不凡歷程 不枉此生
LIFE OF PA
PAPA
1/21 快感的浪潮

少年ＰＡ的奇幻之旅，如果給少年選擇的話，究竟是要個人類在船上還是動物在船上呢？如果船上有腐女的話……

那少年可能會被迫把老虎從海裡撈起來接著和老虎papapa，我想這就是少年選擇跳海的原因。

一個男人會跳海的原因有很多種：

一、單純去游泳——這是非常健全的海上休閒活動。

二、有腐女朋友——在腐女朋友需要心靈上的協助之時，選擇獻出自己的虛擬菊花，這叫做下海。

三、自己就是個腐男——縱身一躍就是跳進腐海。

四、沒有腐女朋友但想交個腐的女朋友——這叫作慾望之海，沒問題的，每個人都會有慾望，但你現在跳進去的這個不是海而是無敵大漩渦千萬要慎思啊！

而這裡的少年ＰＡ則是屬於第五——不想遇到腐女。

你不要問少年ＰＡ為什麼討厭腐女，他的理智線已經ＰＡ的一聲斷裂了，只好由我來趁機解開這場誤會。

上一本書裡的多篇文章意外獲得了廣大的迴響、低調的腐女們表示與那本書共鳴到都要內臟爆裂、於是真的都出來高調地告解，其中不乏爆笑的故事，但也吸引到了很多同好出來分享她們爆掉的故事，一個玫瑰捅屁眼的故事，和玫瑰瞳鈴眼一點關係也沒有，因為前者帶有一點悲傷，它不是那麼從容的。因為多的是明明阿腐手裡拿著玫瑰，眾男人卻以為她要捅大家屁眼的故事，少年們多有創意！少年們要光耀耽美！連我都沒想過要用玫瑰捅屁眼，你們怎麼就這麼急著要讓自己後門變花瓶呢？阿腐她就只是個阿腐，連她手裡拿著擀麵棍都不會去捅男人屁眼了，現在她手裡拿著玫瑰，這麼無邪的笑著，你怎麼能妄想她會插你呢？這樣下去佛印會多個知心好友的。

有時人只是因為不了解而懼怕，因莫名懼怕而討厭。

腐只是一種興趣，卻使得腐女巧妙地在非腐人士與自己之間，劃分了清楚而鮮明的楚河漢界。腐能被接受、卻不被大部份的人視為理所當然：腐的思想漸漸在散播和普及，但它仍舊特殊。腐女是彩色外表，切開來是黑色。而「腐女子文化即將引爆世界」這句話很玄，不知道是引爆熱潮，還是引爆男性的血管，不管如何，這樣一個龐大集團的未知數，放在此時此刻的你的面前它就是一團有著生命的馬賽克。馬賽克就是令人厭惡，馬賽克就是阻礙人類發展的科技兵器，所以我們要打倒馬賽克！打倒馬賽克！……

不過你看A片都知道要解碼、要找無碼高清了，難道遇到阿腐這種馬賽克就不願意解了嗎？就算你不願意，我這裡也願意啊（射出懇切光波！我願意做你的無碼高清，只要你好好按下播放鍵。

有時候有些腐女會被人攻擊說心理不健康，我覺得這跟在攻擊整個腐女群心理不健康的意義是不一樣的，人就這麼多，怎麼可能每個人都健康，也不見得年紀大的腐女心理就一定健康、行為就一定沒有偏差。腐女被討厭的原因不是因為她是腐女，而是因為她原本就是個討厭的人。通常討厭的人做出來的大部分不會是被人所喜歡的事，有可能就這麼衰的讓你給遇到了，而且對方還造成你的困擾，讓你感覺被冒犯了、不舒服，那這樣就叫做時運不濟而不是粥裡出現老鼠屎，因為好腐女這麼多，卻沒能讓你發現她們、發現她們其實和一般人沒有不一樣，甚至發現她們的好。

腐女其實是很溫柔的生物，她會在你被欺負時保護你，在你沒有想要保護自己時欺負你（咦，總之腐女是個懂人心、知進退的生物。說來也慚愧，由於自己心靈深處有一塊不知道是什麼的區域塌陷了，所以莫名覺得自己矮人一格、在與人相處上就更是格外小心、格外在意對方對自己的想法、對腐女的想法……阿腐其實是很為人著想的一個族群，就像剛才我媽試圖拿起我的同人本想要看，在我急忙阻止她後她一臉受傷，我只好趕快解釋：「我不是怕妳弄髒我的本子，我是怕我的本子弄髒妳（心靈的最後一塊淨土）！」除此之外，為了體會受君的痛苦，甚至有阿腐同胞在夜深無人時嘗試指姦自己的後面……我只能說多麼有惻隱之心。還有一次為了體會普通男性不小心翻到ＢＬ同人的心情，我也強迫自己看了ＢＧ的Ｈ同人………發現自己根本就不會排斥，於是乎又離能夠將心比心的好女孩越來越遠……唉……

不過雖然我這裡失敗了，或許你那裡也可以試試看這種另類的將心比心方式喔！那你就會知道其實以一個開闊的心胸去接納萬物，才能順利的在胸部裡面塞很多東西藉此養大胸肌，成為一個超越海賊王的男人。雖然男人不一定能了解ＢＬ，但是「腐女卻可以理解男生依舊不能理解為何女人喜歡看ＢＬ男同性戀」……很好，如果你可以了解上述這句，不是你的智商有一百八，那麼就是代表我和你能成為心之友。多一個朋友就少一個敵人，更何況腐女這麼多而且還越來越多，難道我們不該做個朋友嗎？

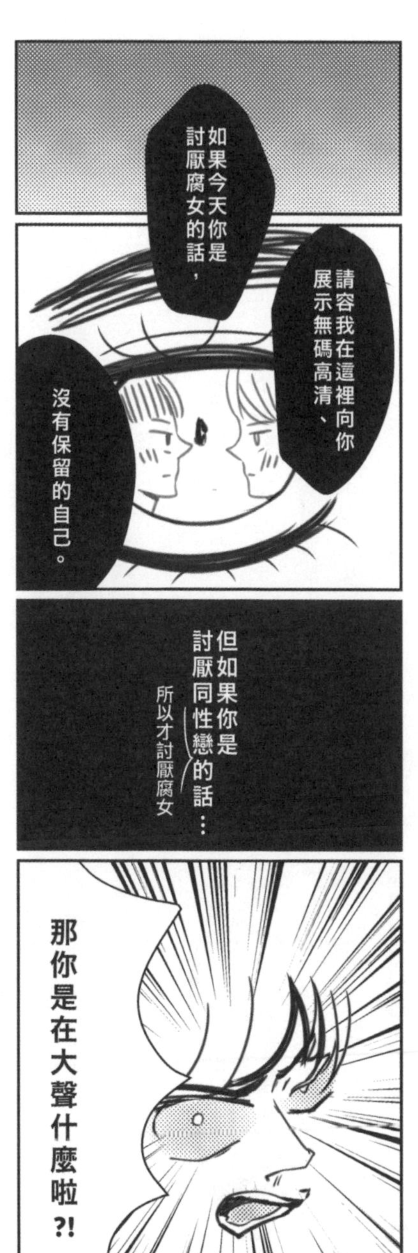

佛祖曾經表示：當受則受，今天若是你必須要承受的事物，那就不能逃。不能逃……去承受去接受，即便是當受，但要當受就當受啊！當受則受，反正又不一定會被當成受，就算被當成受也不會讓你知道自己被當成受除非你自己就在那裡駕駛初號機給大家看……所以，握手吧！

為什麼你不插他？

為何男人總怕自己被插？為何在感受到甲甲粉色氛圍的第一時間不是想著自己不要去插甲甲而是叫甲甲別插他屁股呢？為什麼嘴上說不要、卻把ＰＰ對準ＧＧ呢？因為嘴上說著「不要」的都是受啊！其實是因為很想當受才這樣那樣的吧嗯嗯我瞭我瞭（拿出啤酒。

不知您有沒有聽過一句話──「無攻不入受」？意思就是沒有攻進不了受，或是你要理解成「沒有攻找不到受上」也沒有問題。而這其實就代表了你現在的處境──沒有攻是會找不到受的，在這個攻不應求的時代，非常需要有新血加入攻方陣營，而你，一心一意想著加入受，這一來一往，你一人就等同兩票，攻受平衡的天秤會傾斜的。不過，早在攻受平衡的天秤傾斜前，異性戀和同性戀的天秤就會先傾斜，為什麼呢？本來異性戀和同性戀是維持在一個程度的不歪斜，大概九比一，結果異男紛紛雙手抱胸閉著眼就尖叫著「我不要被插!!」然後就跳進同性戀那邊而且還是受的那邊，這叫剩下的異性戀怎能不 fly high ？

喊著不要當受不一定都是得了「害怕甲甲症」或「歧視甲甲症」這個我們當然知道、也分辨得出來誰是真心這麼抗拒、誰又是為了節目效果和情趣在開玩笑，但有時某些人他們就是一時忘記而集體放棄治療、小劇場之所以很多是因為本身是個天生的隱性腐、非常有才，**少年就是一定要光耀耽美！**少年們到底多想光耀耽美我們無從得知，但我們明白少年就是要擁有七顆創意的龍珠，然後召喚出某人的神龍進出自己。聯想力之豐富令我甘拜下風，有些甚至是連腐女都還沒想到的東西呢！

（以下）

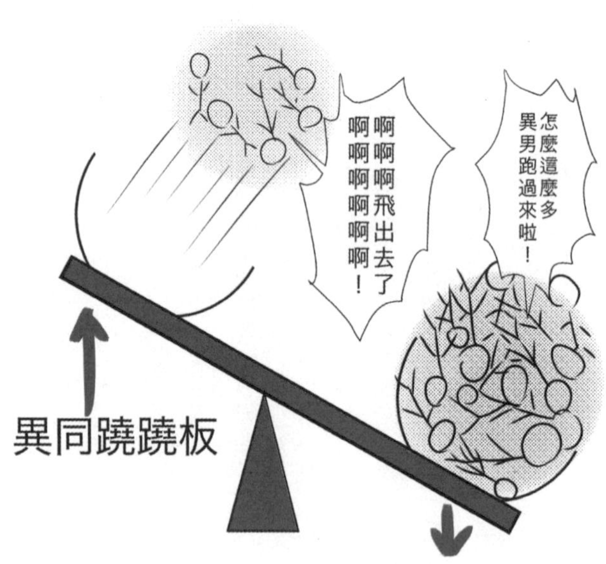

「兄弟，讓我們來大幹一場吧……」（驚）

「兄弟，你的背後就交給我吧……」（驚）

啊他就真的後穴有點癢，你為什麼不買藥膏給他擦呢！

「兄弟，我最近後穴有點癢……」（驚）

說者無心，聽者有意，所以說你絕對有那個意思的啊！我覺得一個人可以有恐同症，也真的可以表現出來，因為我對你的鄙視也會表現在臉上您千萬不要見怪。

有時害怕甲甲的人是因為沒見過甲甲，以為自己是世界上最正常的生物，所以我才會說我真的很想讓ＢＬ普及全世界，就如同我想讓全世界知道同性戀之所以為同性戀，是因為他們生來就是同性戀又或者是你可以理解為他們生來就是做同性戀的料，一切都是這麼合適這麼自然，錯就錯在ＢＬ和同性戀都是非主流——ＢＬ是次文化，而同性戀被次等智商認為是次等人類。

「想要讓ＢＬ普及全世界」這句話並不是希望各地的藏書都從「哈利波特原文小說」變成「哈利波特，原來你喜歡男生」的同人文小說，請各地的圖書館們不要緊張。

我的意思是希望就算對方沒有喜歡ＢＬ、甚至不喜歡ＢＬ，都能對ＢＬ文化、同性戀或腐女有一定程度的了解和尊重，而不是很大層面的誤解。有時我以為這些東西我已經講到爛掉、我已經不需要寫文章來告訴大家，但有時我又會見識到主流文化絢爛而又繽紛的世界裡根本沒有其他東西，就好像太陽出現時你只看得到太陽，殊不知星星們一直都在，而你要等到黑夜降臨，才會注意到原來世上有其他美麗的東西。

我的願望其實很簡單，就是想看到大家談論ＢＬ文化和同性戀就像談論「自家姊姊今天早餐吃什麼」那樣自然而充滿正面能量，世界多麼美好。

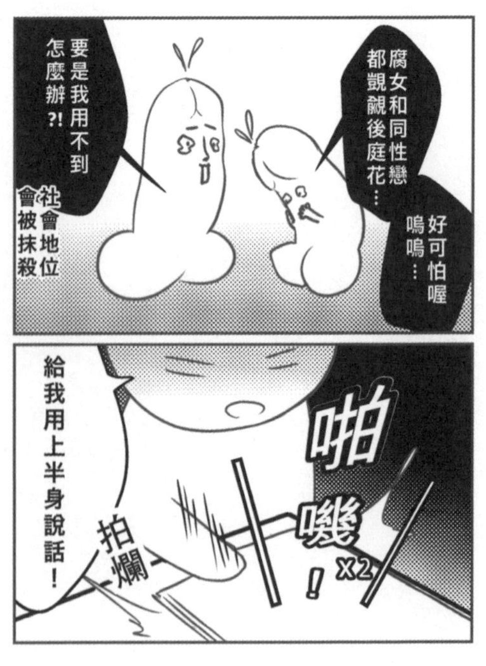

我姊今天的早餐是…
R子的高H漫！
我姊今天的早餐是…
是我。
#被當成YY的素材
喂！不要用那種會讓人誤會的說法！

我想和你的奶奶告白

這裡的奶奶不是你想像中的那個奶奶請不要會錯意了，當然如果你原本想的奶奶就是我現在要講的奶奶，那我也是不能在這裡恭喜你的。

這裡的奶奶不是在家裡和藹可親、早上會帶著你去市場買菜菜，晚上會起來幫你蓋被被的奶奶。奶奶，毫無疑問的她就是一個奶奶！不是一對奶奶。

為什麼我想和你的奶奶告白？很簡單，因為我喜歡你的奶奶，因為你的奶奶，很性感。對，我就是在說這個奶奶，我就是從小喝著奶奶長大，住在歐派星的歐派星人，覺得不管是大奶小奶，長在胸前的就是好奶（不然是要長在哪裡。

我能不能只因為你的奶奶就對你告白，當然可以，因為我對你的奶奶充滿愛，我當然可以跟它告白。愛一個人就要愛他的全部嗎？不是，而是愛一個人就要盡量「包容」他的全部，如果你今天喜歡一個人的幽默風趣，但是他超喜歡摳腳皮，怎麼辦？如果你不喜歡對方摳腳皮，而且因對方摳腳皮而產生的厭惡感遠大於他的幽默感所帶給你的快樂，那就代表你們不合，你沒這麼喜歡他；若你非常喜歡他的風趣，你就可以連他摳下來的腳皮一起收進珠寶盒裡一起包容。全部都喜歡當然很好，但如果今天我只愛他的奶奶怎麼辦，那你就他奶奶的連他奶奶的放置架一起包容啊！

有些人會因為奶奶而萌，當然就會也有些圈內人是看臉萌，也就是俗稱的顏控。

「我就只喜歡臉啊！」

「我就是因為他的臉在我好球帶裡，所以我萌他啊！」

「那算是一種喜歡嗎……？」

有人會批評顏控光靠臉就說自己喜歡一個角色、喜歡上一對CP（即便有時只是拉郎配＊），但你大概不知道也是有人單純因為自己是黑髮控或是眼鏡控，或是因為一顆嘴角的痣就喜歡上一個人的，難道這也要去批評嗎？喜歡新八機的人，當然最後是連他的眼鏡放置架一起打包帶回家，剛剛老師在講你一定有在聽吧！

沒有一個人可以隨便說他人膚淺，就算真的在心裡那麼想了，也沒有資格說出來。愛這個字是由誰定義的嗎？就連字典都不能定義愛了，愛不愛的行為誰說了算？就像有些人對二次元的創作裡內含強姦、輪暴、毆打等不符合現實道德（和法律）的情節相當反感，甚至為此譴責他人、不准別人創作或喜歡，我覺得這就管太多了，是住海邊逆？你覺得他萌點雷，他搞不好覺得你的萌點更雷呢！並不是對三次元的悲劇興奮、沒有在別人的痛苦上建築自己的快樂，更沒有把書塞到你面前逼你看，到底為什

＊拉郎配：原作中沒有交集的配對。

麼正義的鐵血在你體內如此流竄?!我在這邊要很失禮的覺得：這種會因為創作的情節而生氣的人，某種層面上才是真正的現實與幻想不分。

不同於你還可以趁著沒人，偷偷對著牆壁上海報裡的菅原說：「我超喜歡你，因為你的痣和髮色還有你本人裡面的一個叫作入野自由的人都超性感。」因為菅原很忙、

性感的奶奶	感性的奶奶

菅原忙著在打排球根本沒時間理你；在三次元中因為可以直接觸及到當事人，所以在行事或處理人類情緒方面都要格外謹慎，在三次元裡如果一個人對你說：「我喜歡你，因為我喜歡你的奶。」你可能會掉頭就走，但也有可能你會覺得「喔，謝謝你啊！我也喜歡你的奶。」這件事旁人自然不能插手，因為要接受還是不接受都是你家的事。

「因為什麼喜歡上一個人」是大家很喜歡的一個茶餘茶不餘、飯前飯後都一直聊的話題，萬年不退的流行。討論到喜歡「手指」「你迷人的鎖骨」和「你充滿磁性的嗓音」就很浪漫，但怎麼喜歡奶奶或是下面那一包就變成是物化對方了？當然是說「你的奶奶很性感所以我愛」，難不成要說你的奶奶很感性嗎?!感性的奶奶？……這到底是怎樣的一個奶奶啊！這其中一定有哪裡不對，大部分的人就是會有慾望，人類才沒有你想像得這麼高尚啊！說起來，擅自把一個人想得很美好然後再跟對方說自己很失望，本身就是件失禮的事。

有時候我就是單純會因為某個月曆上有很多胯下養著大鵰的猛嘎嘎到不行的宗教男子們而想要團購那個月曆啊！比起「胯下沒力胯下～」我就是會被超有力的胯下吸引，我從來都不否認這點，胯下越緊越好。欣賞美麗就是人類的天性，我看男生本來就會看臉看奶看大鵰看屁股看鎖骨看身體線條看他眉毛我什麼都看，看女生也會看臉看奶看屁股……什麼都看（欸怎麼好像沒有差別。

真的不要強迫別人只能跟你一起欣賞內在美，內在美這種東西很虛幻、很縹緲，要經過長時間相處和瞭解才能找得到。當然你想聊內在也是可以，也會有很多人想跟你聊，我也會跟你聊，我什麼都能聊，

但是跟奶奶告白絕對不是什麼邪魔歪道。

天然腐、人工腐和加工腐

我一直認為「腐」是一種天啟，是上天降下的原罪但同時也是不得了的天賦，即便大部分的人還是需要一個契機去激發潛能，但若沒有最基本的核心，就算你再怎麼添加硬體，也是轉不起來的。每個腐女都有著「天份」，需要被打開開關，封印在體

內的那股力量，蓄積在最深處的禁忌之力，一旦得到釋放，便再也沒有人可以阻擋。

不是自己在說，有沒有腐之心還是有差的（甩髮，有時在看到一些官方為了取悅大眾而在那邊班門弄腐，不由得一喜一憂。喜的是大家都來玩ＢＬ、ＢＬ變得和藹又可親、送上門的ＢＬ不看白不看；憂的是多的是門外漢、沒有抓到精髓的ＢＬ真的很難看。

這就像第一次做點心，天份高的會把蛋、糖和麵粉做成巧克力戚風蛋糕，柔軟綿密、入口即化讓人欲罷不能；而沒有天份的就做成巧克力威風硬塊了，就是沒有人要吃。有時腐到都不知道究竟是自己病太重所以把很多東西都看成ＢＬ，還是現今社會賣腐的作品太多、賣腐賣得太過。糖是很棒的東西，撒一點點在甜點裡面，會覺得甘甜，但糖的比例太多、成分不對時，只會讓人難以下嚥。看，腐女我就是這麼機車，我就是喜歡吃著好像有糖又好像沒糖、但嚼著嚼著就嚼出新滋味的感覺，我就是不喜歡ＢＬ有套ＳＯＰ，因為ＢＬ是種驚喜的天賦，怎麼能被整理成公式呢（中二病發作。

其實我滿不希望看到這樣子的情況，比起別人給我火種和木炭，我還比較喜歡自己壓縮空氣到它因為密度過高而開始燃燒啊！我就是喜歡在飄渺而沒有秩序的混沌中，自己挑選星星、撿拾細小但獨特的塵埃，建造出屬於自己的小宇宙啊多孤寂多淒美的浪漫！宇宙兄弟多浪漫！看看一些最近幾年新出的廢萌基番，很明顯是為了迎合腐女市場才刻意設計一些橋段，老實說光看畫面很養眼，卻經不起時間的考驗，會變成一部拆掉了腐就什麼也不是的作品！為什麼要拋棄自己的靈魂?!BL當然也很重要，但是劇情才是最重要的吧！讓身為腐女的人來提醒各位創作者「千萬不要把自己搞得太腐」這件事完全就是很奇怪啊！這世界到底怎麼了?!

然後為什麼?!為什麼要把腐女當市場！腐女分明就是菜市場！每個BL攤子每個阿腐老闆，賣的東西雖然不算多、可能也稱不上多高級，但每個人用雙手送出去的

菜和肉品都很新鮮，在你有點沒有目標的在逛菜市場的時候，親切的跟你說著今早的貨進了一批好性感的攻君和好可愛的受君，這麼誠懇地跟你分享，就是希望顧客能嘗到最美好最飽含著心意的ＢＬ滋味。

之前在網路上看到了一名講話很潮的老外對於基番的言論，老實說腐女們的卵巢它不會這麼容易就爆炸的，不會在看到兩名雄性生物同時出現在畫面裡就胡亂爆炸的，因為腐女的卵巢是鋼鐵卵巢！再者，如果不是真的很萌，卵巢它也只是硬化而已。不要瞧不起卵巢了啊啊啊啊！

不過當然有時候也是會出現「啊他在賣腐欸超可惡，但我吃欸，明知道他在賣腐卻還是上鉤了的自己才是世界上最可惡的（氣）」的情況，在師父領進門之後，腐與不腐完全在個人。說到腐，「天然腐」當然是最棒的，我個人一定要給它十顆星不夠還要去摘天上的星星下來送給它，那恰到好處、攻其不備的腐和綿綿不絕的後勁和春藥會讓人想在夜晚做一萬下伏地挺身和六萬下引體向上又向下（？）的運動還不夠，又出去馬路上跑圈直到把車撞飛。

而「人工腐」雖然不天然但其實也沒有不好，有時吃補當吃苦，太補的東西吃多了當作身體在修練，下次再遇到天然腐時，會覺得格外清新、身體沒有負擔，也算是滿好。不過一些比較傲沒有嬌的人類，比如說我，就會打從心底抗拒，絕對沒有什麼「嘴上說不要身體卻是誠實」的這種事喔！因為誠實的不是身體而是幻肢啊啊！

不同於前面兩項，「加工腐」是一種把沒什麼新意但還算質樸的天然腐素材拿來混合一點人工腐，而形成的新興產物，妳不能說它不腐，因為它的確有腐，但它也沒這麼天然，因為裡頭確確實實加了點阿腐……對，我就是在說動畫製作組混了點阿腐進去的這件事!!其實我個人是給予加工腐很高的評價的因為我就是個阿腐，阿腐吃糧天經地義，但這有點雅拜的地方在於——天然腐只有阿腐的眼中有，而一般人不會發現……safe！一般人又不太會沒事去找人工腐的東西來看……safe!!最不safe但是會讓眾阿腐發出fufufufuf聲音的是現在這個加工腐。就好比原作中A和B互相對看的鏡頭給阿腐動畫組弄上了謎之臉紅+詭異嬌羞感（外人看來很詭異、像團謎那樣的……），阿腐會暴動，但不是阿腐的人也會暴動，很明顯的，兩邊暴動的原因不一樣啊啊啊～

看過以上，現在你終於知道了，不是阿腐沒有原則，而是腐物有三種、阿腐有分裂人格，素材品質不一和本身的分裂人格是造成腐雷達不精準的原因，不僅弄懵自己

天然腐
並不知道自己掉的是腐
啊！我的東西！
不小心掉下去啦！
人工腐
很清楚自己在做的是腐
喲呼！
我製作的腐來囉！
加工腐
在原本的腐上面加腐
嘿嘿！加料！
嘿嘿嘿！加料！
Shut up and take my mom!!!
看看連我媽都被你萌到了啦！
給我對她負責啊!!
當然，
人工腐只要做到讓人看不出來，
我也是會懷著一顆欽佩的心…
照單全收的啦哈哈哈！
說好的原則和骨氣呢?!

更搞懵他人。沒有什麼一定很萌或是沒有什麼一定不萌，因為萌不萌真的阿腐說了算，多的是我們心裡清楚它就是在賣腐或加工腐製品，但我們阿腐還是會斜睨著對方買單的情況；但也就真的有賣得很爛的讓我只覺得大概是對方腦袋被門夾到或者根本瞧不起腐女，那個我就不想再多講了全部給我去教室外面罰站啊!!

「我現在到底該覺得它是ＢＬ作還是它真的就是個ＢＬ作?!」

阿腐內心產生動搖，阿腐無所適從。

阿腐：「欸！普通人！你來告訴我這部是一般向作品！」

路人：「它很像ＢＬ作……」

阿腐：「怎麼可能?!…………你也壞掉了嗎?!」（妳怎麼可能承認它是一般向！妳壞掉了嗎?!）

壞掉的阿腐：「欸！普通人！你來告訴我這部是一般向作品！」

修好的路人：「它是一般向作品。」

爆炸的阿腐：「怎麼可能?!就算老娘不是腐女了它也不會是一般向!!」（妳到底要怎樣?!）

「現在到底是在賣友情還是賣正義還是其實是在賣男主角的屁股?!製作組你搞得我好亂啊！」阿腐抱頭吶喊。

看看那在《JUMP》上連載最久的ＢＬ漫畫，看看那精美的戰鬥看看那華麗麗的大聯姻，看看那好似約定要集體在同一天製造受精卵的戰後嬰兒潮和簡直不能再更準確的遺傳學，根本就是為了埋下隱形的基友結局這點子不能再更新穎——不能光明正大的交歡只好用基因交配將就一下。不知道作者安得什麼心，在終結之谷決戰不如直接在那裡建造一座斷臂山、交換理念不如交換體液，腐到這麼明目張膽我也是相當佩服的了請前輩受小的一拜，都不知道該吐槽作者還是祝福作者能早日公開自己將心情藏於作品之中的現實禁斷之戀，這應該是少數情感組成部分這麼複雜的作品吧？能一次擁有天然腐、人工腐和加工腐要素根本健達出奇蛋。

同人即是戰場

同人的世界危機四伏，與同胞相處起來之刺激有如諜影迷情，有讓你迷失在其中上癮的種種事情還有那ＣＰ間諜來來去去的狡黠身影，都不知道自己是來到迪士尼樂園還是暗黑系之Dismaland，不管對方本意是好是壞，通常你進得了這圈子卻逃不過這戰爭。沙場無情，通常在戰場時一個不注意或是悠哉的在旁邊吃起香香雞很容易就會嗝屁。

所以，同人圈圈之36計要來告訴你前人陣亡的經過和遇到的種種心酸血淚屎、如何從中習得生存妙計，比如說如果遇到有同好以假的孔方兄購買本本我該何去何從。

請告訴我！孔明大大。

【第一計——瞞天過海】

帶著補習班的包包和上課用的講義、水壺和麵包，全副武裝的出門，爸媽以為妳是假日要去補習班K書，兩老在你出門之後相擁而泣。結果妳是拿補習班的包包去同人場裝本子，累了就坐在疊起來的講義上。

【第二計——圍魏救趙】

當A區太多人的時候，就要趕快分散一點人潮去B區，雖然這樣會造成B區被圍住的結果，但至少A區就得救了，如此反反覆覆、反反又覆覆的做著圍魏救趙、圍趙救魏、一種人群疏散的動作，就是因為同人大場超她奶奶的擠啊！

【第三計——借刀殺人】

當哥哥發現自己其實不是要去補習班而想要告狀時，先發制人、告訴老爸哥哥等等要去泡網咖，讓爸爸對付他。

【第四計——以逸待勞】

當官方發 A&B 的糖時，A&B 黨就可以坐在那邊翹腳嗑瓜子大啖雞排和珍珠奶茶、邊吃官方的糧養精蓄銳，還邊看其他黨崩潰著努力寫文產圖卻沒有官方發糧來得震撼，等到其他黨派心累身體累的時候，A&B黨再一次以自身的二創糧攻打對方。

【第五計——趁火打劫】

通常一個角色跟女人結婚了或是死了，如果不是只有一個很明顯的官方CP（例：夏洛克&約翰），通常相關CP內部會發生崩解或作者本人們支離破碎的情況，一般來說有良心的人會去安慰因為A死掉而難過的對方，沒良心的嘛……就趁機把A的遺孀或鰥夫們搶過來了。

【第六計——聲東擊西】

「啊啊！CD黨好像勞工節那天要讓一個超強企畫上線的樣子！好，那我們AB黨跟他拚了！」

結果CD黨根本沒有在勞工節那天有動作。

「明明再幾天就是情人節了，CD黨卻沒有動靜欸，應該是沒有要幹嘛吧……」

結果CD黨在情人節那天大大推廣了一番，於是CD取代AB，成為了該作品的CP霸主。

【第七計——無中生有】

無中生有是種虛虛實實的手段，在這裡的每一個人包括你我都會使用，對，我們最喜歡讓BL無中生有，說是無中生有不如說是從無到有。

【第八計——暗渡陳倉】

此計和【聲東擊西】有異曲同工之妙，不一樣的是，活動的確是在重陽節那天辦的沒錯，但是相關活動不是主打激H而是溫馨又切合節慶的敬老主題，這根本緊緊抓住了孝順系腐女的心，AB黨一定沒想到CD黨這麼聰明。

【第九計——隔岸觀火】

靜靜觀察AB戰AC的BC派，在兩方人馬殺個你死我活，能源耗盡之際，出來補尾刀兼撿好康。

【第十計——笑裡藏刀】

這是表面對你露出貝齒漾著微笑，實際上卻暗藏殺機的計畫。這個策略非常不人道，但真要說起來，這裡的36條計謀沒有一條有人性的，不如說是悖離人道。以再柔和不過的姿態向AC黨說我們來個不分攻受的聯合活動吧！然後在活動頁面公開的那天，用滿滿的ＣＡ創作殺ＡＣ黨個措手不及。

【第十一計——李代桃僵】

當發現時間不夠時，應該捨棄「下次還會加印的刊物」而轉往去購買「鐵定會絕版的刊物」，用最小的損失換得最大的成果，因為絕版會是永遠的損失。

【第十二計——順手牽羊】

同人場上不是只有玩同人的女人，更有玩弄同人女的人。這些人喜歡從攤位上偷東西，也喜歡從妳身上偷東西，他喜歡順手牽羊，因為他知道女人們忙著開花。

【第十三計——打草驚蛇】

當有一群看起來很年輕、好像沒有滿18的女孩們前來妳的攤位想要購買R本的時候，一定要全身散發威嚴的叫她們拿證件出來、嚇嚇她們！（其實不管怎樣都要看證件

【第十四計——借屍還魂】

趁著場上混亂的時候，將剛才從讀者那裡拿到的假鈔再找給另一個讀者，讓已經失去效用的假鈔以另外一種方式復活。

【第十五計——調虎離山】

甲：「請問還有ＡＢ新刊嗎？」

攤主：「喔喔，還有兩本。」

甲：「太好了！那我……」

乙：「欸小姐妳也是ＡＢ派的嗎?!那邊那攤剛好有個ＡＢ新刊要完售了，那本真的超好看的，妳要不要先去那邊搶，這裡我幫妳顧著？」

甲：「喔喔好，那我先去搶好了，這裡就麻煩妳了謝謝！」

乙：「嗯嗯！妳就放心去吧！」

乙：「（轉頭）攤主，剩下這兩本我全包了。」

【第十六計——欲擒故縱】

「妳好，有要哪一本嗎？」

「滿想要ＢＣ本的但現在手頭上不太寬裕……」

「妳可以慢慢考慮啊沒關係～」

「那妳可以先幫我保留嗎？」

「那個可能不太方便欸！不然妳也可以等等邊逛邊考慮看看啊！唔……只是我沒有辦法保證會不會完售就是了……不過妳真的不用一定要現在買嘛……也不一定會完售啊～如果真的完售了就也沒辦法嘛～」

【第十七計——拋磚引玉】

想看某主題的糧食時，最好的辦法就是寫一個好哏，丟到池子裡，馬上就會有很多阿腐女神浮上來說：請問妳掉的是這個「壓在牆壁上做的硬上版本」？還是「吵架完後的硬上版本」？又或者是「有ＳＭ情節的硬上版本」？

但其實這些都不是妳掉的哏，所以妳就要很誠實地說我只有丟一個硬上哏下去，然後這些女神就會很開心的把這些故事都送給妳。

【第十八計——擒賊擒王】

「射人先射馬，擒賊先擒王。」先把對方主要產糧的人先從馬背上拉下來拖到我們陣營就贏啦！

【第十九計——釜底抽薪】

當有些攤位前的讀者排隊排太長而影響到附近攤位時，最好的辦法就是把對方攤位上的新刊一下子全包了（？）。

【第廿計——混水摸魚】

~~就是幫忙顧攤時利用攤主去上廁所的那段時間趕快偷懶。~~

【第廿一計——金蟬脫殼】

買本的時候趁著一陣混亂、攤主沒發現自己沒付錢，趕快夾帶著商品和本本逃走。

【第廿二計——關門捉賊】

發現有小偷或變態尾隨妳、想要偷妳的錢或內褲時，就是要偷偷把他引誘到主辦那裡的小房間去，讓那裡的壯漢工讀生好好「教訓教訓」他。

【第廿三計——遠交近攻】

與同部作品中的ＹＺ黨一起打擊與自己ＡＢ黨離比較近的ＣＢ黨。

【第廿四計——假途伐虢】

趁著AC黨冷到快要去住北極的時候，把對方納入C受派，表面是收留腐血的孤兒，實則在趁機壯大自己勢力。

【第廿五計——偷梁換柱】

因為自己想要的本沒搶到，因此趁朋友去上廁所時，偷偷把自己的一個本子和自己想要的那一本不等價交換。

【第廿六計——指桑罵槐】

「唉，最近不知道怎麼了，一些妖魔鬼怪的配對都跑出來了，現在的人還真是看臉就能萌呢～」

「…………」

「哎呀呀！我可不是在說妳喔！我是說那些看臉就萌的拉郎配真是超噁的～」

【第廿七計——假痴不顛】

在碰到家人問妳到底買了多少箱BL書的時候，要趕快裝成白癡的樣子。

【第廿八計——上樓抽梯】

當腐友買到快要沒錢時妳說會借她，於是她放心的把身上本來要坐火車的錢也花掉了，過沒多久，妳也把錢都花掉了，於是兩個沒有車錢的少女到底要怎樣回家呢？為什麼都還沒過河就給自己拆橋呢？

【第廿九計——虛張聲勢】

當自己彈盡糧絕、處於相對劣勢時，要把自己吹得很鼓，假裝還有很多武器沒拿出來、美味ＡＢ糧沒放出來，這樣才能避免因為被ＡＣ黨看穿自己根本沒糧沒實力沒官方撐腰而直接走向Dead End。

【第卅計——反客為主】

本來要招待別人來自己ＣＰ的圈子坐坐，誰想得到幾十分鐘過去後，推別人坑沒成，倒是自己入了對方的ＣＰ坑了?!

【第卅一計——美人計】

把筆下的角色都搞成美人，即便原作裡全部都是簡單線條臉，只要我把他們化妝成歌之王子殿下，就能捕獲群眾的心。

【第卅二計——空城計】

用影分身帳號之術在各處留言「AB超萌！」「我最喜歡AB！」營造出一種好像很多人喜歡這CP的假象。

【第卅三計——反間計】

「欸欸我告訴你，聽說AB黨的人覺得你們BC黨的人根本智障，非常瞧不起你們的樣子欸～」

「什麼?!讓我去教訓教訓他們！」

「欸欸，聽說BC黨覺得你們AB黨的萌點非常廉價欸！」

「什麼?!廉價?!他們才廉價！他們全家都廉價！」

【第卅四計——苦肉計】

通常用在與自己一同進行創作的另一人身上（拿《爆漫王》來比喻的話就是秋人和最高之間的關係……啊，不是情侶關係喔！）當稿子趕不完的時候，不管是不是真的，一定要裝出自己很可憐的樣子要博取另一方同情。

【第卅五計——連環計】

先以一本內容滿滿的新刊讓你小鹿亂撞，再以特典資料夾讓你心跳加速，最後祭出超可愛的本命小吊飾作為消費禮……這連環計……太兇狠！

【第卅六計——走為上策】

基本上不是一個正面迎戰敵人，而是以消極逃跑來獲得生機和轉圜餘地的方式。休息是為了更長遠的戰鬥，先行迴避以儲存主要戰力也是非常好的方法，當你被對面AB黨以非常高產量高質量的創作打得你CP勢力縮小因而遷往北極時，你可以帶些乾糧和工具暫且逃跑兼修行，不要正面對抗，會死得更慘！

看了以上之後你是否覺得戰爭無情、江湖上沒有道義？但CP有情、人與人之間有情，若不想為了CP戰爭而失去和腐友間的感情和做人應有的道義，這36計裡混亂邪惡的部分最好一點都不要沾上，請愛用劉德華的兼愛非攻。

兵不厭詐，這是戰爭！
都是朋友，戰你個頭！

我不能接受「臭婊子」

＊警語：前方高度能量發射堪比世界上的核電廠統統爆炸請注意，心智不足以承受強烈的幹來幹去和一大堆婊子和賤人等髒話橫行請繞道！心靈受傷概不負責，馬上要回家哭著找爸爸我也不會借你公車錢的。

健全生活練習本

幹拎舅公是不好的行為

幹拎舅公是不好的行為

很多時候，當一群男人發現他們之中有一個男人跟大家不一樣、做錯了事，比如說他沒有魄力，比如說他不會做事，比如說他優柔寡斷，比如說他說話不算話，比如說他語氣輕柔，比如說他是個無能的總統（欸），他們就會說他是像女人、是娘娘腔、是同性戀。他們就會用罵女人的詞彙去形容那個男人，並說那男人不是男人，試圖把他分到女性這邊。這跟我被一個超級性感的渣受煞到、在盛讚那受君「一臉淫蕩樣真是個臭婊子」，兩者意義是絕對不一樣的。

在有些男人試圖把不符合他們心中「男人該有的樣子」的男人們推到女性這一邊時，一些女人又是如何對待不符合她們心中「女人該有的樣子」的女人呢？比如說「不檢點」。

她們跟那些男人一樣稱那些女人為「破麻、婊子、公車」。長得美的女人是淫婦，被她拐到的是姦夫。姦夫淫婦不會是天作之合，真正的眾矢之的也不會是姦夫，而是勾引姦夫的淫婦。錯的是夜太美、淫婦太美，所以儘管再危險，願賠上一切挑戰這禁斷之戀。喂，不要污辱禁斷之戀好嗎？這跟夜美不美、女人美不美又到底什麼關係？紅顏禍水紅顏禍水，怎麼就怪褒姒在那裡笑個屁而不想想有很大機率周幽王根本是個腦殘。

對，男人捨棄男人，而女人為難女人。實際上，受害的是女人和那些不符合社會期待的男人，也就是說，被壓迫的不只女人，所以女權運動其實應該叫做平權運動——一種可以同時解放女人和男人於父系霸權的解藥。

你有看過哪個女人在吵架時，罵對方妳這渾球的，都罵是賤人賤人婊子婊子的對著對方狂叫然後扯頭髮和甩巴掌。賤人這詞的確還滿中性，算是少數可以通用的，遇到男人就說他是賤男人，女人的話就說是賤女人，但是在英文裡 bitch 就真的是專罵女人了，son of the bitch 還是間接罵到女人，地球人到底跟女人有什麼仇（講得好像是地球星 VS. 女人星。

當初看到「綠茶婊」這個詞很常出現，
？
？
還不知道那到底是什麼，
想說是一個很愛喝綠茶的婊子嗎？
綠茶
抓抓
是有多愛喝綠茶啦！

好多的詞都是專罵女人，相信叫隔壁老王細數一下專罵女人的詞彙然後中途不能換氣，不到兩分鐘他就嗝屁了。而要我想一些專罵男人的詞我還真想不到幾個——「薄情郎」「負心漢」「糟老頭」「色狼」就已經是極限，「老不休」還會不小心罵到老人家有夠缺德。然後千萬別說「廢物」「色狼」「王八蛋」和「爛人」條件符合，我妹每天平均要罵我兩次「爛人」和三次「王八蛋」，我在跟她分享BL心得時，被說「色狼」十次跑不了，而「廢物」，算是「姊姊」這個詞的代稱，身為姊姊卻被稱為廢物的我，都不知道是因為沒有典型的詞可以拿來罵我還是中性詞聽起來比較有情趣（我不是M喔。

總之真的很煩，罵男人的詞可以拿去罵

女人，罵女人的詞卻不能拿去罵男人，這種「你的就是我的，我的還是我的」的概念並沒有讓女人比較賺啊到底在幹嘛 XDDDDDD

所以心向祖國的男性總統被說成雙腿大開的婊子其實我是不太能接受的，因為男人獻上菊花讓人幹翻也是可以成立的說法，但其實退兩個小碎步來講，說男人「自己沒大腦找虧吃」就是「送上自己菊花給別人幹」也是不禮貌的。想想雖然我們腐女每次在送受君的菊花去給攻君幹的時候都一副如狼似虎、有兩個異性就沒人性的樣子，但其實心裡都是懷抱著一種嫁兒子、相當疼惜的心情，從愛護受君和攻君的角度出發，這樣因為自己想罵人罵夠夠就隨隨便便送別人去讓人幹菊花，這對我們阿腐是一種傷害。

說起來「幹你娘」也很神奇，不分男女老少，人人遇到皆要幹你娘，彷彿幹過你娘就可以做你老子，那我說「幹你爹」不也一樣嗎？讓你老子變我馬子也能達到一樣療效。或是「幹你舅公」也可以，還有「幹你祖宗十八代」這種超級溫馨又博愛的地圖炮根本是用漂亮的雲彩紙包裝一整車火藥，連男女平等和老少通吃都兼顧了，做人要不要這麼周到。

寫到這邊我也是傻了，這麼多的髒話和貶低人的詞到底哪來的，我明白身為地球人壓力大、地球人有很多負面情緒想宣洩，但也不是這樣無下限的掉節操好嗎？罵髒話可以但罵我媽不行……嗯，罵我爸也不行。瞧瞧人類就是喜歡攻擊來攻擊去，如果攻擊是一種情趣的話，想必現在很多人早就都高潮了。雖然這篇文章如果送去給臉書篩選一定會被封鎖因為通篇都是髒話和罵人的東西，但實際上卻是希望不想再看到這些才寫的啊！

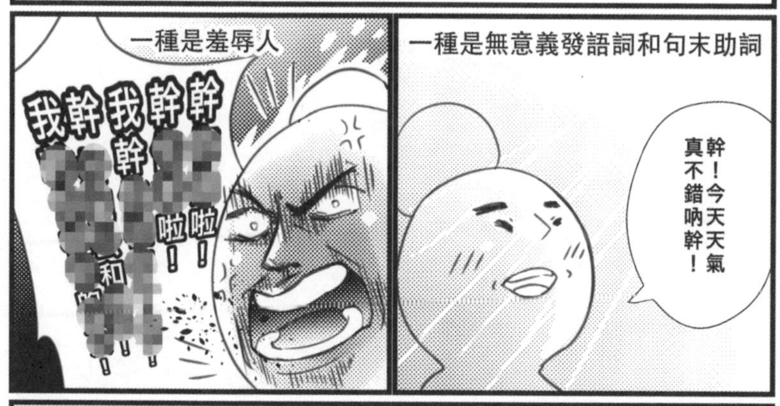

我身邊的人對於我「到了國中還認為小孩是從肚臍生出來」的這回事感到不解。我：「當然囉！在沒有接受過性教育以及沒有A片可以看的狀況下（哪裡不對），我也只能自己推論小寶寶是從肚臍生出來的啊！」

講得如此理直氣壯，我想大概是因為自己在教育上從沒有被好好認真對待所以留下陰影，從現在的結果來看，很明顯地我是個教育失敗的例子，我家裡人一直想要讓我再社會化好重新做人，不過一切都已經來不及了，我只能說教育是從小開始的。

上次在同人場上擺攤，有個看起來年紀不過小五的小妹妹拿著本子走近我的攤位，一瞬間我職場和同人場的時空和角色錯亂，還以為小女生是要繳交作業給我，害我差點把平常用來批改學生作業的粗紅筆拿出來。結果小妹妹是要問我可不可以在她剛剛購買的刊物上簽名，她整個人很老神在在也就算了，而且還語氣很老練地要求我簽在指定地方。相比起這樣的她，那時我手忙腳亂又因為太害羞而頻頻迴避了對方直率又帶點挑逗（？）的眼神，忽然有種被下克上的感覺（想太多。

近幾年來不管是在網路上活動的阿腐們，還是在同人場上見到的阿腐們，看起來都越來越年輕，絕對不是因為看了太多男性的年輕肉體導致返老還童附贈青春永駐，而是阿腐族群確確實實有低齡化的趨勢，每次看著我教室裡的國中生們在課間大大方方地談論ＢＬ，我就又開始回憶我國中時一個人默默腐著、覺得孤單寂寞冷兼以為自己是變態的苦日子（現在真的是變態就是了）。

不過我覺得最苦的倒不是沒有同伴這件事，沒有同伴你最多也只是沒有戰友，但少了相關知識卻會讓你缺乏戰力和勇氣、延誤了向下扎根與往外發展的時機。大家知道黃金十年有多重要嗎？十年，可以讓一顆受精卵變成小三學生，也可以讓13歲的少女長到23歲（廢話），我就是因為沒有黃金十年讓我好好接受教育並且精進，所以現在的我，只是個半專業的腐腐而已。

先說說我的時代好了，還是個會避談特定詞彙的時代，我不知道是不是每個人都跟我一樣，但我永遠忘不了有次我指著還是嬰兒的我妹背上的胎毛說：「媽媽，妳看妹妹身上有好多白白的嬰毛。」我老媽轉過頭來二話不說就給了我個火辣辣的巴掌，叫我不准再把骯髒話掛在嘴邊，我邊處在震驚狀態邊心裡想著「原來嬰兒的毛這麼髒啊」……總之我媽也不曉得我根本不懂那個詞，然後也不跟我解釋，大人就這樣，你不懂的事情不好好教給你，只會一直跟你說這是大人的事小孩子不懂，啊不就是因為不懂所以才要好好教育嗎（尖叫!!

以上是家中個案，再來談談自己的同儕——那時大部分小學生不會知道寶寶怎麼來的，女生們只會知道大姨媽來的時候要在內褲上貼白色的有翅膀的尿布，但那個其實叫做衛生棉，有的人甚至還會貼反，把有膠的那一面黏在自己的屁股上；而男生大部分都純真得要死，還只會玩模型槍不會打手槍。我先自首我天龍人，天龍國的教育真的也沒比較聰明，問大人小寶寶是怎麼來的時候，不是從垃圾場撿來的就是猴子變的花惹發！我叔叔有一次更壞，壞到他當時說的話我到現在都還清楚記得——他說我是從裂成兩半的屁股中間那個洞蹦出來的，先不說屁股本來就是裂成兩半的，然後我是屎嗎?!

不管是家中個案還是普遍現象，這些都是以前的情況，而現在從國小開始就會上性教育了，有些也置入了認識不同性傾向的課程，我是覺得都認識同志了幹嘛不順便認識腐女（雖然ＢＬ和同性戀不能畫上等號啦）？既然大家都知道同性戀的性傾向跟異性戀的性傾向就意義上沒有不同，更何況腐女喜歡看ＢＬ也只是一種興趣而已，只是因為這興趣在一般人眼裡太罕見，所以看起來像是異類，但這不代表腐女是變態，再重申一次，變態的只有我而已。每次見到網路上有些抨擊腐女看ＢＬ的言論我就覺得大德你在激動什麼？古代人嗎？欸，不對，其實古代人也很開放的，你看魏晉南北朝一群人在那裡嗯嗯啊啊（造謠）……

我覺得人都會自己憑空想像一些莫名其妙的知識，但真的比起讓小孩子自己去亂想，你不如提前老老實實地告訴他一切，他生來為人他就需要學習，就有知的權利，就算你今天什麼都不告訴他，他也不會因此而變回靈長類，他還是個人！同理可證，你不讓小孩子接近ＢＬ，不代表她不會變成腐女；你不讓她知道ＢＬ是什麼，不代表她看到兩個男人擁抱時眼中不會射出粉紅光束、胯下的黃色小鴨不會在基隆港爆炸。

阻止不了的東西就去引導，這不才是最聰明的長輩嗎？

因此在這裡強烈建議教育部把腐女和ＢＬ也列入小學生應該吸收的課外知識，如果師資不足，我願意去貴校開課……（對不起，我開玩笑的。

看到喜歡的天菜,
第一個反應是想要上他...
原來這就是戀愛的感覺嗎？(不是

Part 5

「魅力養成」

——————美滿你的 BL 人生

屁股的好你要知道

如果今天講到屁股你還是只會想到屎和痔瘡的話那就太沒 sense 了，作為一個擁有屁股的人類，失格！我主張凡是出現在自己身上的器官或部位，哪怕與常人有那麼一丁點不同，你都要學會愛它和欣賞它，愛自己的身體，對自己的身體感到自信。

自從幾年前我把班內課表的「難題解析」錯植成「男體解析」而被老闆恣意嘲笑後，我就深深地觸類旁通到男體解析本身就是一種難題（不要亂旁通。究竟一個好的屁股和一個爛屁股差在哪裡？又或者是該插在哪裡？都是一個艱難而又極富挑戰性的課題，在這個屁屁似乎快要過時的年代，若要與歐派或是美味棒比拚，究竟我們人類該做點什麼來拯救屁股的流行呢？當然與其他部位組成偶像團體彼此 cover，然後運用商業手法搞點行銷也是可以的，但這是黑心商人的做法，如果執意如此，想必監獄學園的理事長不會開心。

雖然你想說理事長開不開心關我屁事，但屁股的事該是人人都得關心，就算你沒有考慮到我的心情也總該考慮到屁股的心情，別說屁股沒有心情了，難道你不曾在上廁所時感受到屁股的逆襲嗎?!那也是情緒釋放的一種。正所謂天生我材屁有用，誕生在世界上的所有屁股都有其存在意義。屁股除了可以用來判斷攻受，就連屁聲都能拿來判斷攻受呢！

屁股除了是身體進行垂直迫降時很好的避震器外，當你本人以規律的頻率不停的迫降在另一人身上時，那每一下的避震都格外重要，想像肉彈性的震盪，不只為腐女眼前的畫面帶來雀躍的歡動感，更以慢動作播放、在腦海中留下美麗的殘影和快感的波浪，那圓弧而又帶著一點任性的肌肉線條，是譜出絕妙雙重奏的前提。

而我們腐女，是指揮家。

一般來說觀眾不會對屁股太苛求，當你褲子脫掉，人們會本著跟屁股見面三分情的人道關懷，自動忽略你屁股一些美中不足的地方。而怎樣的屁股是極品呢？就像我們在觀察雪山隧道時，不僅要關心裡面也要關心外面，外面的形狀左右著世人的觀感和攻受選擇，這幾乎是普世價值，但也有人主張裡面才是體感快感的中心，才是一個

屁股討論大會

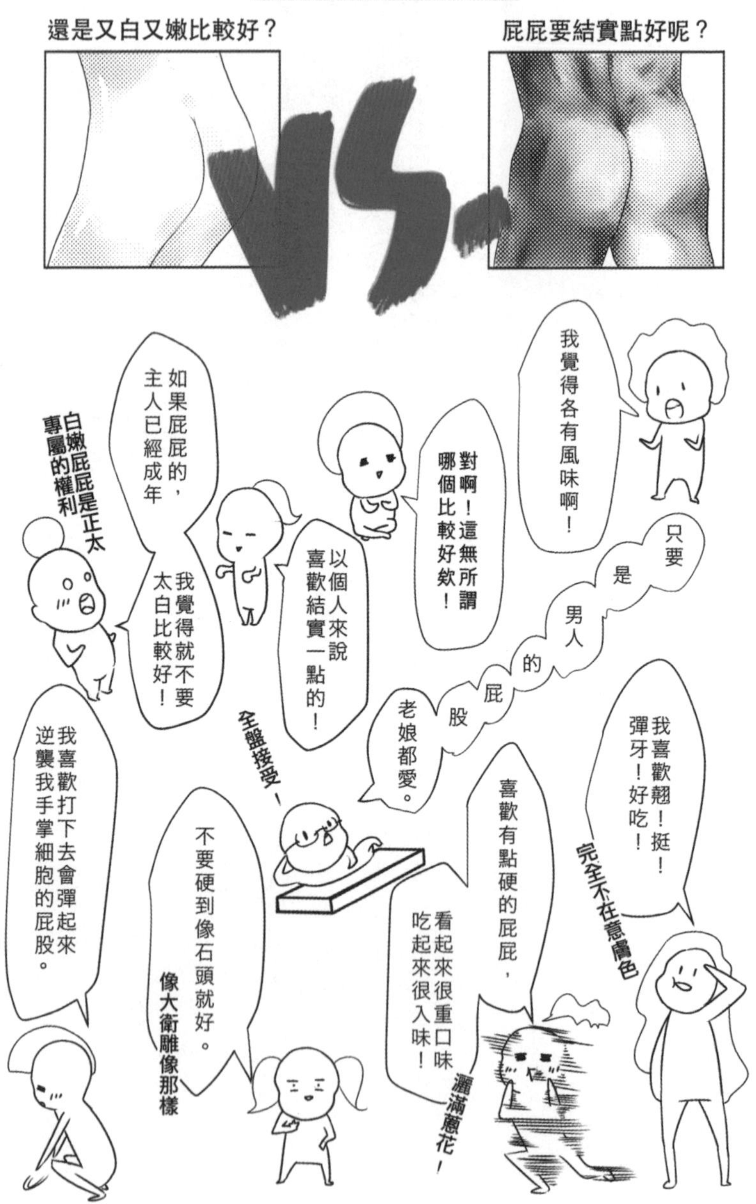

還是又白又嫩比較好？
VS.
屁屁要結實點好呢？
我覺得各有風味啊！
對啊！這無所謂哪個比較好欸！
只要是男人的屁股老娘都愛。
以個人來說喜歡結實一點的！
如果屁屁的主人已經成年，
我覺得就不要太白比較好！
白嫩屁屁是正太專屬的權利
全盤接受！
我喜歡翹！挺！彈牙！好吃！
完全不在意膚色
喜歡有點硬的屁屁，
看起來很重口味吃起來很入味！
灑滿蔥花！
不要硬到像石頭就好。
像大衛雕像那樣
我喜歡打下去會彈起來逆襲我手掌細胞的屁股。

屁股的靈魂，我個人認為兩者都很重要，就像一個帥哥或美女也必須要有健全的人格和充實的內在，要不然就只是一盤沒加醬油的燙青菜而已。

尤其是內在。

你要說屁股有沒有快感這因人而異，有些人甚至迷戀上被打屁股的每一個瞬間，所以除了啪啪聲還有啪啪啪聲和啊啊聲，整間啪啪聲和啊啊聲不絕於耳真是有點震撼，但是會震撼不是沒有道理，想想男性屈服於快感之下並不只是因為屁股表面被調戲而已，重點在那柔軟而富有彈性的甬道它就是充滿生命力。當火車首次突入想要南下時，你便可觀賞到隧道和火車的對抗賽，有很大的機會火車會卡在中間進退不得甚至火車頭會被隧道夾得很痛有夠銷魂。小菊花是個敏感的可人兒，全身上下布滿了感應器，一點風吹草動都足以讓它隨之搖擺，若未經調教就想強行使用它，可是會有機會將你咬斷的，嘿：它就是這麼緊別懷疑。

講成這樣，並不是因為我有經驗好嗎！我只是一個單純從高中以來就很想對人玩玩看結果老天有眼我一直找不到人讓我玩玩看的普通女子而已。我並沒有攻過三次元的屁股，如果哪天有成功了我一定會向大家報告，絕對會寫一份五萬字的小論文，還

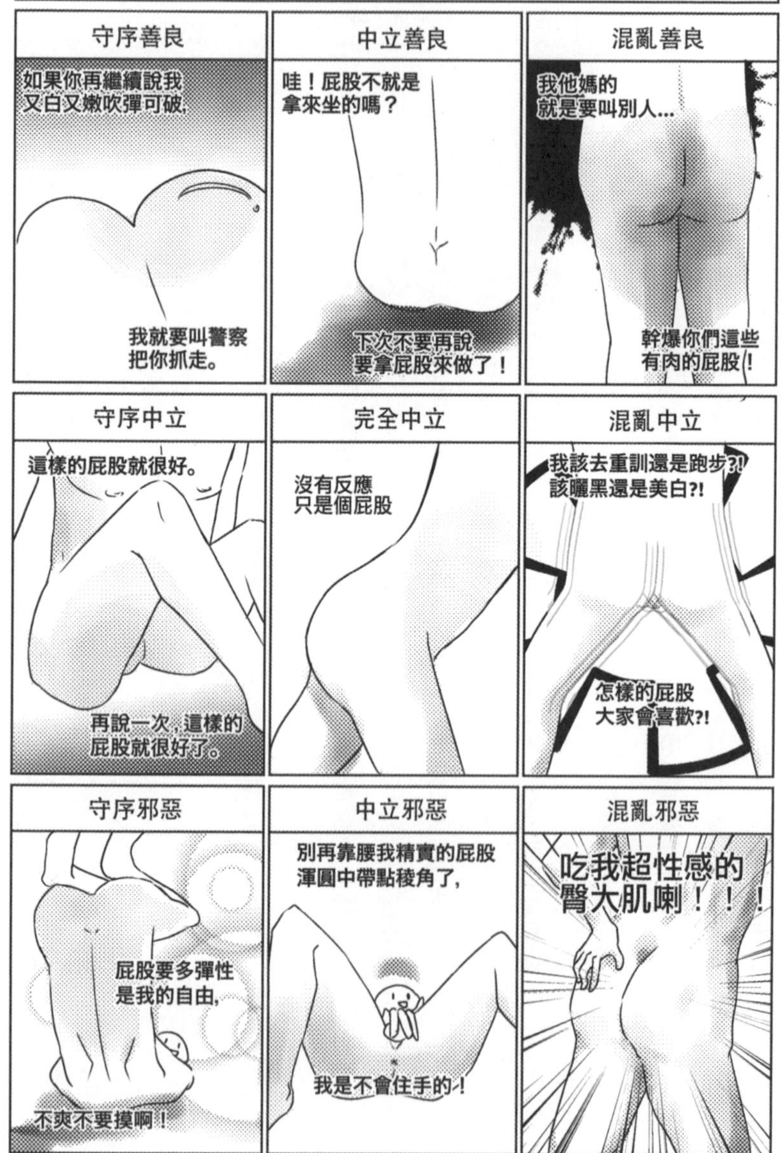
屁股陣營九宮格
守序善良
如果你再繼續說我
又白又嫩吹彈可破,
我就要叫警察
把你抓走。
中立善良
哇！屁股不就是
拿來坐的嗎？
下次不要再說
要拿屁股來做了！
混亂善良
我他媽的
就是要叫別人...
幹爆你們這些
有肉的屁股！
守序中立
這樣的屁股就很好。
再說一次，這樣的
屁股就很好了。
完全中立
沒有反應
只是個屁股
混亂中立
我該去重訓還是跑步?!
該曬黑還是美白?!
怎樣的屁股
大家會喜歡?!
守序邪惡
屁股要多彈性
是我的自由,
不爽不要摸啊！
中立邪惡
別再靠腰我精實的屁股
渾圓中帶點稜角了,
我是不會住手的！
混亂邪惡
吃我超性感的
臀大肌喇！！！

會畫滿插圖、寫日記紀錄菊花的心路歷程（請紀錄被害人的心路歷程好嗎）、針對屁股的各項角度分析，最後還會發工具X菊花的喜帖給各位，但目前我只能聽我身為同志的朋友講床邊故事給我聽而已，不要問我是怎樣的床邊故事，因為它似乎比較貼近床上的故事。

三次元的男性不像二次元的男性那般堅強，若要進行床上故事，必須好好愛護對方，絕對不可以說上就上，不然真的會說痛死就痛死、床上故事最後會變成床上事故那麼你的愛人會恨你一輩子，除了有些次數夠頻繁的還可以，不過通常那些同胞心理素質也比較高，否則借助潤滑劑是必要的。而第一次的準備時間也一定會比較長，若能保持耐心和細心，相信你的伴侶可以帶著你上天堂。千萬不要以為要突破屁屁只能靠鑽頭，屁股不是你的殺父仇人，請不要那樣對它。尤其一些怕痛的受君，一直沒辦法克服被肛肛的恐懼，那麼前戲就顯得相對重要。

一開始我們可以在屁股上塗上一些果醬，看你喜歡什麼口味的，蘋果香橙又或者是草莓都很好，它會伴隨著屁股的熱氣引出香香甜甜的味道，並且讓果醬本身和屁股的口感嘗起來都更上一層樓，如果你想要，也可以搭配鮮奶油，記得在打發的過程中要加入一點白砂糖，奶油吃起來才不會很膩。但是熱愛香料的朋友請不要選擇薄荷醬，因為空腹會傷胃。

再來，舔。

好，你不舔是不是！不舔的話……其實就也沒關係，你可以先用摸的，畫圈圈或是帶點節奏的按壓……都會讓對方笑場所以我建議不要這麼做，除非你們的情趣始終來自這種尿性又或者是對方根本就處於三級酒醉的情況。因為小菊花在接觸你的手指之前，它接觸的其實都是……嗯，你知道的，所以要避免它把你的手指誤認成……最好的辦法就是盡你所能煽情的摸它，越鹹濕越好，最好把它摸得很濕，把小菊花對於……的印象抹去，它才能比較好理解你現在要對它做的是色色的事，而不是它每天早上進廁所要做的事。

接著，等它熱了之後，你開始可以放一些東西進去。記住：如果你放生鮮蔬果類，就不要放生雞蛋和青蔥，很容易會在裡面被輾壓而變成蔥蛋，蛋殼絕對會變成暗器而不是情趣。但其實比起生鮮蔬果或是其他食物，你有更好的選擇，比如說是手指頭或情趣商品之類的東西。不要老是想著放食物進去好嗎！是很餓嗎！沒被開發過的屁屁這麼緊、幾乎是來什麼就夾斷什麼給你看了，你還放食物進去，你簡直要讓它變成一台食物處理機！

總之，潤滑十分必要，千萬不要小看潤滑劑，它除了可以當作你手指頭和你伴侶小菊花之間的潤滑，它也是你和你伴侶間相處的潤滑劑，為什麼這麼說呢？你試試玩他菊花時不用潤滑劑看看，當下你們就

我很擔心…
屁股會不會因此越撞越大…
別擔心，
我只知道屁洞會越撞越大。
請愛用凱格爾運動

會產生劇烈的摩擦（雙關，然後你就再也別想玩他屁股了。當然你要對新手使用按摩棒時也是要慎選款式，第一次請選用保守一點的，普通的棒狀或條狀就好，如果你初次就想要挑戰金龍寶塔那麼大一根還節節高升我也覺得你非常有勇氣啦，因為你不只在挑戰你伴侶菊花的極限，同時也在挑戰人與人之間的信任啊！

然後，最重要的一點——請在做之前好好清洗直腸內壁，但畢竟直腸內壁不是像清洗大樓窗戶架個雲梯才能上去刷洗這麼困難的問題，所以其實你只需要有一間浴室和水管就可以，請不要覺得一定得去買灌腸劑，太不經濟了。像我朋友都是把蓮蓬頭的頭拔掉，直接用水柱往裡沖，只要你的伴侶學會控制讓菊花微微綻放，那麼微溫的水柱就可以順利地搶在你前頭進入你伴侶的身體裡，一次又一次的溫柔沖洗。但千萬記住不要直接將水管插進去啊！身體會變水球的啊！

前列腺是個能讓男性體會不亞於射精快感的地方，常常是玩下去就演變成前列腺煞不住車的後果，也就是上癮。但其實前列腺並沒有在雲頂天宮的深處，它其實意外地就在你觸手可及的地方，所以照一些ＢＬ漫畫的攻君長度和頂法，那樣並不會頂到前列腺而是會頂到肺……更正，頂到膀胱，那麼就不會有每一下都是天堂的感覺了。

但要注意的是

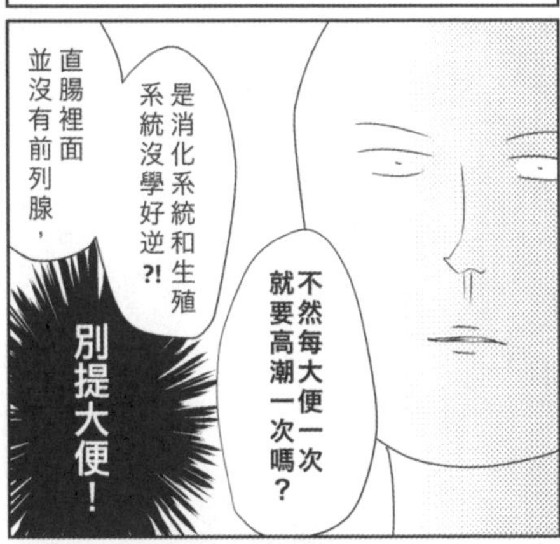

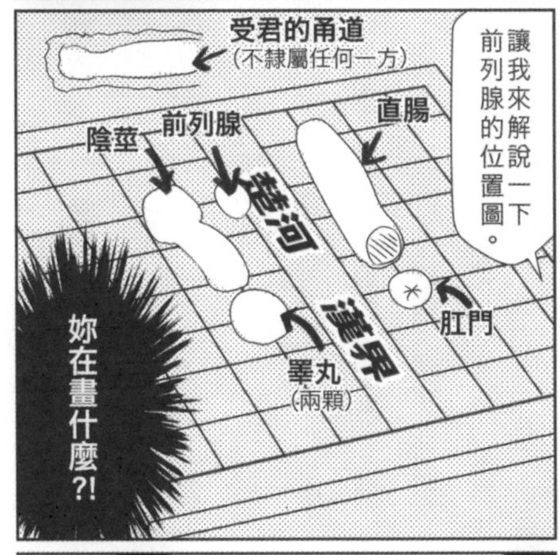

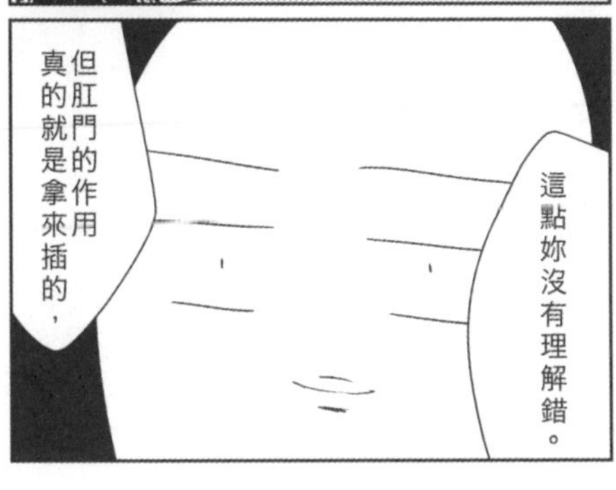

最後，重頭戲的部分我就不細說了，諸君可以自己去買一本BL來配著用嗎？我現在只想送給全天下的屁股一首……蔡健雅的〈無底洞〉。

成為你朋友中第一個對阿腐說讚的人！

天地悠悠，過客匆匆，潮起又潮落。恩恩怨怨，攻攻受受，幾人能看透？

對，有幾人能看透呢？就像人心也不見得就很容易看透，交朋友求的也不是看透對方的心，而是在閉著眼睛的情況下，都能感覺到朋友對自己的好，而你記在心裡，牢牢的，那就夠了。若人一直在追求看透別人、檢查別人對自己是否真心，那真的會累死，除非你是古墓派弟子啊！

人的一生中有著許多形形色色的朋友，而腐女是你形形色色的朋友中那個色色的朋友，但可別以為她只有色色的，她是非！常！色！色到她在某些領域上很專精，~~因為色情就是人類最大的原動力~~，但是在某些層面卻又很豁達，~~因為也放棄拯救自己了~~，和這種人相處起來很愉快，她樂於花上一大段時間去研究一個東西或事件，然後給出有趣且獨到的見解~~（其實多半就是BL的見解）~~，而且最重要的是還搭載了解讀世界上各式黃色笑話的功能，真的是非常方便（如果她願意為了你而開啟這項功能的話啦），更別說有些升級版的腐女儼然就是一台會走路的18禁radio，每天跟她在一塊隨時要血脈賁張！

前幾年我還不這麼認為，但是我現在必須這樣講：到了今年，你若是還沒聽過腐女、不知道腐女是什麼的，真的是滿不正常的。說來也感慨，以前腐女是幾乎不外露也幾乎是不能外露的，但隨著現在腐女子不管是本身的腐能力還是人數上都呈現爆炸性成長，特別在一些算是自由開放的場域，腐女子真的是多到隨便下樓梯都可以擦撞到腐女、怎麼下樓怎麼擦撞到，有時候還可以撞到腐男子或腐導師，比如說像學校、學校，或是學校……欸怎麼都是學校?!但是學校真的很好啊！我都想回去當學生了呢，不是因為當學生可以每天不用上班當幼齡

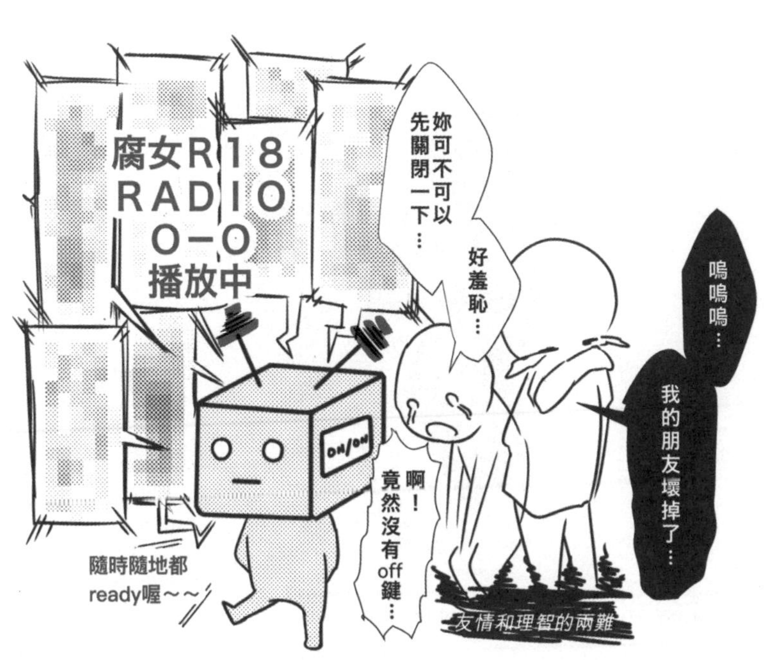

啃老族，而是學生可以整天腐個不停（啊是不用念書逆?!就算被發現是腐女了，也頂多是在班上找到同伴或是大家說說笑笑就過去了，講難聽一點，就算真的遇到像是被老師或同儕霸凌的劫難，等到畢業後就又是一條好漢，但在職場不是啊！要是很衰小的剛好被誤會到要讓自己被火掉的地步，難道就注定要就此轉職嗎?!你以為轉職跟大叔轉生成史萊姆一樣簡單嗎！跟你遊戲打 boss 死掉可以重新再來一次一樣嗎！……學校裡面……只要沒有霸凌……就真的……很愉快啊嗚嗚……

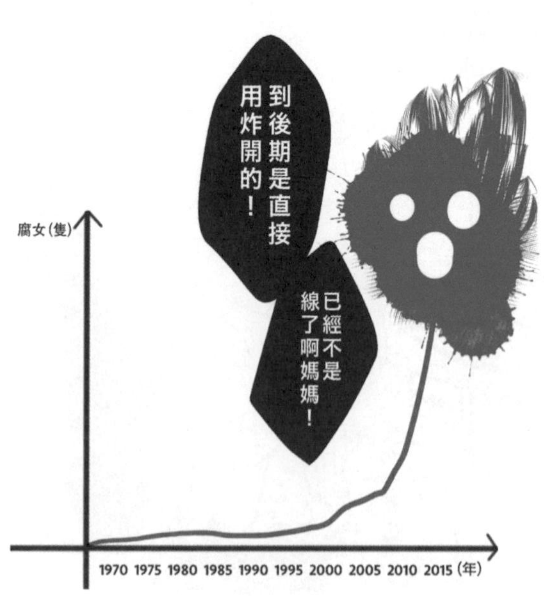

這麼愉快的地方，整間學校簡直要被腐的浪潮給淹沒，所以你說你的朋友裡怎麼可能沒有腐女?!只有可能你沒有朋友或是你的朋友很少，但是絕對不可能你的朋友裡沒有腐女。腐女就是披著人皮的腐女啊！揭開她面具她就是一隻腐女獸等待被收服的。也許已經有人對她丟出神奇寶貝球了，也或許你就是第一個發現她的人。

雖然我剛剛說了在學校比較容易捕捉阿腐，但是我並沒有說在別的地方就不會發現，你沒發現通常只是因為你單純沒發現或是那個地方只有你一個人。在職場上可以發現腐腐，逛街買菜可以遇到，幫你批假單的是個腐，幫你剪頭髮的髮型師也是個腐，披著人皮的腐腐到處都是。

如果發現腐腐怎麼辦？請切記不要立刻丟出寶貝球捕捉，對方有很大機率會放出一百萬伏特。你如果真的很想知道腐腐究竟是個怎樣的腐腐、是個怎樣的等級，是水系阿腐還是火系阿腐，抑或是慾火系阿腐，我可以告訴你：通常你發現的腐腐，其守備範圍／興趣／等級會是以下幾種大致類型，請記得不要太驚訝了，如果動作或反應太大驚嚇到她，她會咬你。

教授腐

能輕易交代出腐界各類名詞和定義以及耽美的演化史近代史作品史，對於ＢＬ的過去相當了解，也熱衷於研究ＢＬ未來，並持續探索耽美與這個世界連接的可能性。

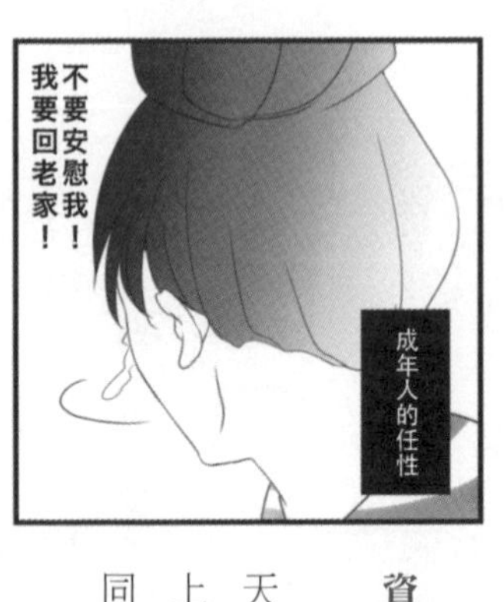

資深腐

腐齡高，但不代表年紀大，有可能是小學一年級甚至幼稚園就開了天眼入腐坑，對於早期的經典作品頗有了解，時常感嘆自己無法輕易萌上近幾年的熱門作＆ＣＰ，在自己說出「我是因為網王入坑的」這句話同時也會掉下時代的眼淚。有人跟她聊以前的ＣＰ她會很高興。

專才腐

專情於某一領域，可能是二次元，可能是三次元，可能是動漫，可能是影劇，不同於通才腐可能會因為腐太多東西腦子記憶體不夠用而出現短路的症狀，專才腐數自己領域的寶物時，好像在背自己身分證號碼那樣輕鬆。腐女萬物皆可萌是沒錯，但不是萬物皆想萌，你可不要拿三次元的東西去煩專萌二次元的人類，他們可是會感到煩躁的喔！當然反過來也適用於只萌三次元的阿腐。

通才腐

各領域的腐皆有涉獵，只要是萌都吃，無一不腐，無 不茶毒，通常被安麗的次數也很高，多數的通才腐來者不拒勇於嘗鮮（但不是說就沒有雷點，那屬不一樣的討論範圍），像我本人就屬這一類的。對各種事物都抱持著「這絕對很新鮮」或是「這絕對可以腐」的開闊心胸，通常聊起來就是天南地北，亂七八糟。

順便腐

主攻宅宅區或乙女區，腐腐只是順便，就好像有些腐女會順便萌一下少女漫畫，多和少只是比重的問題罷了，但喜歡的心情並沒有差別。不過若是你以為對方是純粹的阿腐就想以BL配對來取悅他，可要小心你在配ＢＬ ＣＰ的同時，有沒有拆到他喜歡的男女配對囉！

（以下是沒有腐的但很接近腐也是要認識一下）

沒有腐之小專家

像我妹這種就是沒有腐的，但是她又很了解腐，說是很了解腐，不如說是很了解我（爆，通常這種人身邊一定會有至少一位以上腐到很病重或是很變態的人，如入鮑魚之肆，久而不聞其臭，相處久了，本來濃濃的犯罪臭可都減輕了不少呢！對於身邊的病重腐老是想要褻玩小學生肉體的邪念犯罪臭漸漸可以去原諒了呢～所以說習慣非常可怕啊！

我以為腐女都只喜歡美形男欸！
欸欸欸欸?!
對一半

沒有腐之門外漢

有另外一種人是自己不腐，對於腐有一丁丁的了解，但並非相當全面，觀察這種人很有趣，常常會得到很不一樣的新鮮見解（從一個腐到爛掉的人的立場出發的話啦），對於一個在ＢＬ世界待太久的人，偶爾也要走出桃花源和外面的人聊聊天才會知道當今世事的變化（也太久沒出來！

你有沒有想過，因為你沒有主動幫阿腐按讚，所以他們才要一直去開分身帳號幫自己按讚，那畫面真的怎麼看怎麼心酸，阿腐們真的不需要這樣啊！但有時候一個臭油腐真的就是會沒有自信，因為我們也會懼怕因為自己的「不一般」，而去驚嚇到「一般人」的你，腐腐們不認為自己熱衷的事是有錯的，只是我們還不習慣別人投射過來的目光。我眼中的腐女真的是很可愛的，我可不是對著鏡子這樣說，我只是偶爾也會老王賣瓜。

其實你不必糾結自己的朋友是腐女這件事，因為在你認知她是個腐女之前，首先她是你的朋友。今天不管朋友是宅男是宅女是腐女是腐男、是在什麼圈子的人，一定都是因為對方身上有你喜歡的地方，或是你單純的想對他好或讓他對你好，如果今天你發現朋友是個阿腐，你不需要去看透他，你只需要成為你朋友中第一個對阿腐說讚的人！

我腐友超強，而我是廢渣！

【我腐友掌廚，而我……吃飯！】

在這個人人都是消費者也多是生產者的世界，我們為彼此提供了很多糧食，我們就是彼此的衣食父母。宋朝開始夜市文化蓬勃發展，人們便有了晚上的娛樂活動；而自從腐女子一詞出現，攻受的育樂活動成為白天的深夜內容，把良家婦女的白晝都變成黑夜，讓《南方公園》的 Tweek 和 Craig 真的要變 Gay。

「讓男人都變成 Gay」（字面下意義）真的是腐女最爽快的事，在ＢＬ世界中，把直男掰彎本身就是一個讓人非常享受的過程，高潮迭起不說，層次豐富多變、跟品香一樣有著前味中味和後味，甚至多了甲味！甲甲味就是一股令人心醉的好味道，我強烈建議雪餃喔和酷幾出一系列ＢＬ的甲甲味香水，讓聞到的人都能嚐到ＢＬ戀愛的酸臭腐味。

不過等不到名牌香水出現阿腐就要自己出現了，因為阿腐是著急的。與其說是著急，不如說是超飢渴。一些飢渴到不行的品香製香大師要拿男人堅忍不拔的精神和強姦直男不拔出來的精液混合成全世界最便宜但價值無限的春藥（欸不是香水嗎?!）來讓大家都陷入充滿污濁的愛之地獄……不素污濁的精液地獄喔那會變A片（不要解釋。

常常聽人說「不怕珍饈一般的原作，只怕神手等級的隊友！」我表示非常贊同。雖然說這句話的人就是我，但我還是覺得自己說得很有道理，不知道是哪裡來的自信，大概是看了太多因為隊友是米其林三星級大廚，結果吃了同人糧就因此入了原作深坑的情況。

好基友就是這麼擅於心計和機關算盡，他們就是在跟你聊天配下午茶時冷不防端出一道萬佛朝宗之無敵海景佛跳牆，讓你在不知不覺的情況下開始走在別人為你鋪好的美食之路上——要抓住男人的心，首先要抓住他的胃；同樣的要抓住一個腐女人，要先抓住她的下面！

在你朋友抓住你（下面）之後，你會暫時回到幼兒時期，也就是每天找媽媽的日子。「馬麻！馬麻！我要吃飯飯！」「馬麻做的飯飯真好ㄘ！」「馬麻為什麼這麼會做飯？馬麻是神仙嗎？」嗷嗷待哺的阿腐展現巨型嬰兒的強烈野望，無時無刻不在亮出自己想要大口扒飯的星星眼。因為有時即便是和腐友愛上同一對CP、喜歡同一個主題，卻不能完完全全的對到頻率，所以在遇見合自己胃口的糧食時總是會格外珍惜發糧養活自己的育幼院院長。

你們一定能了解刷圖刷文刷不出自己要的萌的痛苦，即便對方的文筆真的很好；或是因為身邊太多人才，生活得太幸福而眼睜睜看著自己變成廢柴的痛苦，或是被養成肥柴（肥胖的廢柴）後飼主離你而去、沒有糧吃的痛苦。不怕自己遇飢荒，就怕腐友不會畫畫，除了不會畫畫，多的是不肯畫的時候。為什麼不肯畫呢？正確來講是不會畫，但不是指畫力不夠的那種不會畫，而是萌不起來的那種不會畫，本來就是為了萌才畫畫的，現在不萌是要怎麼畫?!我相信有很多人都是跟我一樣情況。

所以腐友碰巧把你養肥了，只會加快你因為缺糧而餓死的腳步，就是一種溫柔會害死人的概念，如果一直以來支援你糧食的腐友哪一天轉身離開，你並不會在那一天晚上就能洗手做羹湯，相信我，你只會做出一道又一道的噴而已，所謂彈盡糧絕的淒涼感不過如此。

「不會煮飯？那就肉體餓死啊！」有些人會認為在自己心中嚕就夠了，但如同「有時留在心中是最美」，具象化帶來的感動並不亞於你的配偶欄裡終於只有一個人名。

千萬不要有「我腐友超強，我就估在旁邊變廢渣就好啦～」的這種想法，也千萬不要妄自菲薄，人類通常是在餓死的前夕，才忽然發現自己原來也可以煮飯，這就是生存的潛能啊！即便只是煮碗泡麵你也可以活下去的，**可以放棄做人但是千萬不要放棄活著**。

【我腐友是專情王，而我心猿意馬】

腐友一定是吃到惡魔果實才會如此專情，沒有節操又很花心的我只能咬著手帕看著對方如此專一，喜歡一CP五十年如一日，我都從小女孩晉升成老祖宗了，腐友她還是將那CP一心一意捧在手掌心。所以說根本就不會有什麼腐女的前 100 大CP，總是會有那第 101 對被整理者落在外頭。

「若我喜歡的CP被落在外頭，我要跟你拚命。」

但跟人家拚命有什麼用呢？與其跟人家拚命，不如拚命產糧吧！糧食才是一切啊！有得吃什麼都好說，因為我就是一個吃貨；跟人家計較虛名沒有用，因為妳的CP一直都活在自己的心中。

顧攤A
同人場顧攤中
你好！還是你的AB本！
小學生顧攤？
小六？
小五？
那個…請問妳幾年級？
五年級
蛤?!
妳爸媽呢…
顧攤B＆顧攤C
不好意思請問喵四郎在嗎？
喔在啊！
妹妹啊！有人找妳喔！
……媽媽一起顧攤?!
在地上?…不對！
不好意思請問硝子在嗎？
她去外面拍照囉！
來吧！要給她的東西我會轉交給她♥
媽媽在顧攤?!

有一次
妳好我要買AXB的新刊…
搖晃
不穩
我們這裡沒有賣AXB的新刊喔！

那妳可以告訴我這本要在哪裡買嗎？
我看看…
啊這本是OO作者的！
(剛好是認識的作者)

她的攤位在一樓壁攤。
那請問這本是在？

喔喔這個好像是OOO作者的，
這個在三樓。
(剛好也是認識的作者)

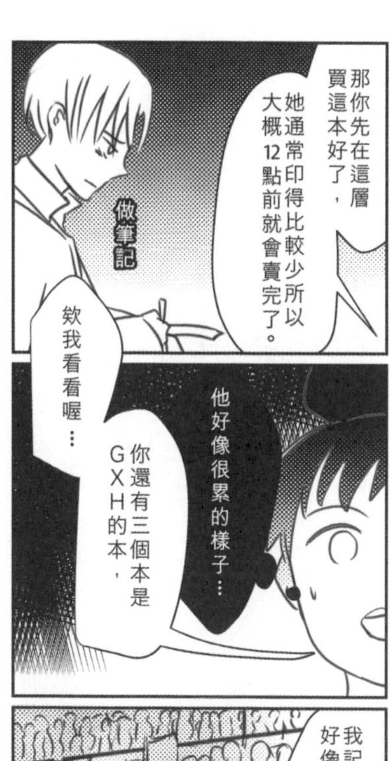
那你先在這層買這本好了，
她通常印得比較少所以大概12點前就會賣完了。
做筆記
欸我看看喔…
你還有三個本是GXH的本，
他好像很累的樣子…

我記得那個題材這次好像集中在地下一樓，
你最後去那邊看看！

謝…謝謝妳！
看起來真的很絕望的樣子

「感謝妳！QQ～」QQ是我那天對於那名悲催男子的唯一印象，因為他真的好可憐，一定是因為他的朋友氣場太強，所以他才不得不幫忙買本。真的很想提醒他叫朋友下次要記得記攤位號碼和規劃路線圖，讓非本圈人士幫忙買本真的很可憐啊！

【我腐友超強，而我是女王。】

對我來說，ＢＬ最可貴的地方就在於它並沒有入坑門檻，就是如果你被ＢＬ迷住（不是被腐女迷住 XD）就可以入圈的意思。入圈後也沒有資深或資淺的高低之分，因為不管腐齡大或小，年紀和性別如何，大家都只是在追尋同一件事——那就是找尋自己萌的萌點。拿萬物來拼湊出自己的浪漫，客製自己的幻想，所以也沒有誰先誰後，誰優秀誰墮落，只要你心中擁有萌點和夢想，你就擁有耽美。ＢＬ的萌點著重在資訊的爆炸，萌點的爆炸，和腐女本身因為萌點太萌而爆炸。它的混雜性和內爆（不是內射和口爆的簡稱）是亂中有序而又彼此破壞再進行重組，如此後現代主義卻又因個人喜好不同而量身訂作。腐女不單單只是平行宇宙的女王，而且每個人宇宙也都是平行宇宙，擁有一個宇宙，比伊莉莎白女王還厲害，伊莉莎白女王不過是擁有一個腐國。

如果這世界有51%的人喜歡BL

男性們，不要再以為全世界的女性都是腐女了好嗎？也不是所有的女性都一定喜歡BL的。說起來，「沒有女性會討厭BL」這句話到底是誰說的?!這對腐女和非腐女兩邊都是很大的衝擊啊！非腐女的女性從來都不知道什麼時候他們也必須喜歡看兩個男生談戀愛，而腐女這邊也從來不知道什麼時候真的有一個文化是可以被人人所喜愛的了，所以我們時常驚訝著身邊的人竟然也喜歡BL，找到同好的每一天都是小智成功收服神奇寶貝的喜悅（並不是收服小剛小建小勝天桐希特隆請注意。

女性的人口分佈

51％，只要有超過一半的人數就好，如果這世界有51％的人喜歡ＢＬ，當腐才是主流時，會發生什麼事？腐女喜聞樂見的下藥捏他會以五倍的增量出現在一般向作品裡嗎？ＢＬ課程會在大學裡從選修課變成必修課嗎？美國的特工會效法倫敦的間諜，一舉將龐德女郎統統變成龐德小狼狗嗎？就像現在什麼都要冠上神鬼兩字，會不會ＢＬ成為主流之後，所有事物也會被冠上阿腐或ＢＬ相關——「阿腐傳奇」「ＢＬ認證」「阿腐奇航」「ＢＬ戰士」「阿腐交鋒」「ＢＬ任務」「腐女奇兵」「腐男無間」「耽美至尊」「阿腐奇謀」「ＢＬ玩家」「腐男剋星」「耽美遊戲」「ＢＬ莫測」「阿腐願望」「耽美制裁」「腐女無敵」「腐男拍檔」「ＢＬ疑雲」……

在腐腐們還是少數的現在，腐女子好像珍稀動物，被一般人抓住了就會被當作咕狗在養，沒事就會問一下問一下，雖然比起腐男子是保育類動物，腐女子已經算是滿自由、滿被尊重的了，但畢竟現實中低調的腐女仍有一定數量，即使高調腐女的勢力漸漸抬頭，整個腐界對於外界的觀望和內部的震盪仍在持續中。低調的人希望繼續低調，高調的人覺得沒有必要低調、甚至能突破這個現況是最好。

「低調固然是一種生存方式，但高調犯法了嗎！」

「沒有說高調犯法，但別逼迫低調的腐女不要低調好嗎！」

「腐不是罪，為什麼要低調呢！妳們的低調和躲躲藏藏只會讓不明所以的人更加覺得腐是一種羞恥的事。」

其實在一開始，是低調的人會責怪高調的人不該在公開場合高調，大家有個共識：「腐女和ＢＬ是該被保護起來的。」但在時代演進中不知不覺也漸漸演變成高調的人覺得低調的人太自卑，太不光明正大。不過有時候並不是因為自卑或貶低自己興趣才選擇躲藏或逃避，而是所處環境並沒有大家想像中開放，逼得低調的人不得不如此。我覺得在我們成功經營出一種正確而友善的社會氛圍之前，經歷這段過渡期時所

需要的互助和包容是必要的。低調是一種保護自己的方法，當然高調也是。低調是將最深層的自己隱藏起來，高調則是先用AT力場將電波不適合、對不到的人擋在外面，兩種都是一種保護，兩種人都屬於腐女圈內的人。

現階段兩方理念的不合和外界的誤會，內憂外患導致腐人口從1％到51％的這個過程格外艱辛。但其實低調的腐女也是有想過如果哪天51％的人喜歡著ＢＬ，ＢＬ就變成常態，就變成一種不需要解釋的東西，從你的日常變成大家的日常，就會是一個非常美妙的社會，不管哪一派，都做著這樣的美夢。

想想ＢＬ病這種東西會傳染的，一旦遊行開始，即便妳是沒什麼興趣的人，到最後可能都會因為受到氣氛的薰陶而變得狂熱。ＢＬ它就是一種傳染病，妳可能不一定能成為腐女，但妳可以成為一個曾經參加過ＢＬ遊行的人，人的數量有個魔力，當妳身為分子1處在其中時，分母越大，妳這個分子1所做的事情就變得微不足道、不會輕易引起別人注意。其實我是一個很孬的人，像我是看有人打頭陣之後才敢承認自己戀童癖……只是一點點喔一點點！

當遊行成功將注意到ＢＬ的人數向上推、推到沸騰，也許可以在這股歡騰的氣氛中，因為ＢＬ圈人數的增加而讓「喜歡ＢＬ」成為一個不再需要藏在櫃子裡的事，雖然51％是個夢想，但實際上也不是一定要51％、超過一半的人喜歡ＢＬ，而只要喜歡ＢＬ的人裡 100％都能在無憂無慮的狀況下喜歡著ＢＬ就好。

原來她也喜歡
猥褻小學生…
試圖安慰自己
沒關係他雖然
外表看似小孩，
但其實是
高中生…

等等！
驚覺
高中生也還是
未成年人啊！

腐女的大宇宙戀愛觀

在腐女身上尋求戀情？你是不是搞錯了什麼？這怎麼看都像是在沙漠中找水、在BL裡找異性戀啊！已經收到過太多封有關於「求救！腐女怎麼追？」「震驚！腐女好難追！」「悲劇！腐女好過分。」這好似三部曲電影名稱而且還妥妥 bad ending 的求救信，我怎麼不知道腐女啥時這麼熱門了，差點就要轉職去當人見人愛花見花開的職業紅娘。有人稱我為兩性專家，但我只是同性專家啊！而且還是幻想中的同性啊！我只會人見人戀愛，見菊花、菊花就爆開而已，別再 cue 我了好嗎！

我必須要說，雖然我是腐女，我也沒辦法給出「包你追到腐女」的必勝法則！再嚴正聲明一次：即便是我本人親自出馬，也不能保證我就能追到所有腐女啊！連要統統變成同好都不可能了（還有逆CP的問題，再說如果真有這種法則，我早就把法則性轉拿去追腐男。

看到這裡請不要灰心，雖說法則不可能有，但至少你可以掌握腐女子的大宇宙戀愛腦，不一定放諸四海皆準，但至少你可以和我組成「八海聯盟腐女芳心特攻隊」!!能掌握到的核心概念是八九不離紅心的，「追正妹前得先正三觀」這件事不知您是否有聽說過。腐女的戀愛觀和她本身是腐女子這件事一定有關聯，也就是說你不要期待在受到腐女子文化薰陶後的她會喜歡一個男生處處不尊重女生、總以自己或異性戀男人為世界中心，這是顯而易見的，都想要讓男人去壓男人，甚至是自己去壓男人了，你期望她做個甘於被壓迫、思想不成熟的小女人嗎？腐女子類型百百種，倒有項特質是共通的，那就是腐女們真的都挺獨立自主，「就算沒反應在外在行為上」，骨子裡都會有一定程度的叛逆和自立。

倒不是表示不是腐女的人就都是小女人或是腦很小的人，這邏輯等式不能這樣亂推的大大你冷靜點。之前寫〈好腐女，不追嗎？〉的時候，有看到一些質疑我把腐女以外的女人都寫成好像公主病的言論，我只能說請不要想太多，我壓根就沒那個意思，倒不如說阿腐們就那些優點特別突出了，比別的我們比不上啊哈哈哈連個活路都不留給我們嗎哈哈哈哈（噴淚！

有些女人對自己有自信，而有些女人對自己和對他人都沒自信，腐女子則是在一

些奇怪的地方有著奇怪的自信，撇除一些老是對自己沒自信的男人，有些男人總是很自信，認為女人沒他們不能活。

「妳都多大年紀啦？再不趕快把自己銷出去，最後真的會沒有男人要妳喔！」這段話很奇妙，除了「女人的價值建立在本身的青春上」，還暗示了「是男人有權利選擇他要不要妳，而不是妳要不要他。」更別說「銷出去」這三個字讓人聽了以為自己是從工廠的生產線上出來的而不是從媽媽的產道出來。而且，並不是只有男人才可以擁有女人啊！一隻貓也可以擁有一個女人——一個女奴才，有時還一群貓擁有一個女人。

有些男人總是不相信，女人真的有自己的空間、精神世界和一條柯基就可以過得很自在，必要時可以加一支按摩棒，簡直不能再好。陽具崇拜是過度的自信也是一種迷思，因為很多人不了解女性、甚至一些情感細膩的男性；精神世界和本身的自由對他們來說有多麼重要，又或者說是他們的全部，女孩子的幻想力很厲害，有顆發達的腦和一個愜意的午後時光就可以在自己腦內搭起鷹架，造出一棟又一棟夢想的豪斯登堡。

對我們來說，ＢＬ世界就是最接近天堂的地方。

是誰都想要待在天堂不走，但畢竟還是人類，總有回到地上跟其他人類玩耍的時候，這其中當然也是有很歡樂的時光，談戀愛超開心當然也不是假的，不過偶爾來到人間時，**真的是不想看見鬼**。

曾見識過幾個女生表示男友出於忌妒心和掌控欲而勒令她們不准穿裙子和化妝打扮，這舉動簡直讓我驚為天人，《銀魂》裡的那個天人。既不是出於愛情，更不是出於純粹的保護，只是一味的把對方當作是自己的東西，這不管是男方限制女方還是女方限制男方，不尊重對方的想法就是很有問題的吧?!跟三觀很正的友人聊起這事，真的只能邊配雞排和爆米花。

友：「要是我鐵定馬上分手啊！」

我：「我倒是覺得可以接受。」

友：「為什麼啊?!妳明明性格就這麼機掰……呃不我是要說……剛烈！鐵定會古美門一番然後把對方甩了吧！」

我：「因為如果他不讓我穿裙子，我就不讓他穿褲子啊！要我不穿裙子ＯＫ啊那我就穿褲子嘛！但如果他做不到不穿褲子卻又要限制我不能穿裙子，那大家就一起什麼都不要穿啊！

完全是一筆男女平等交易。」（完全是私心

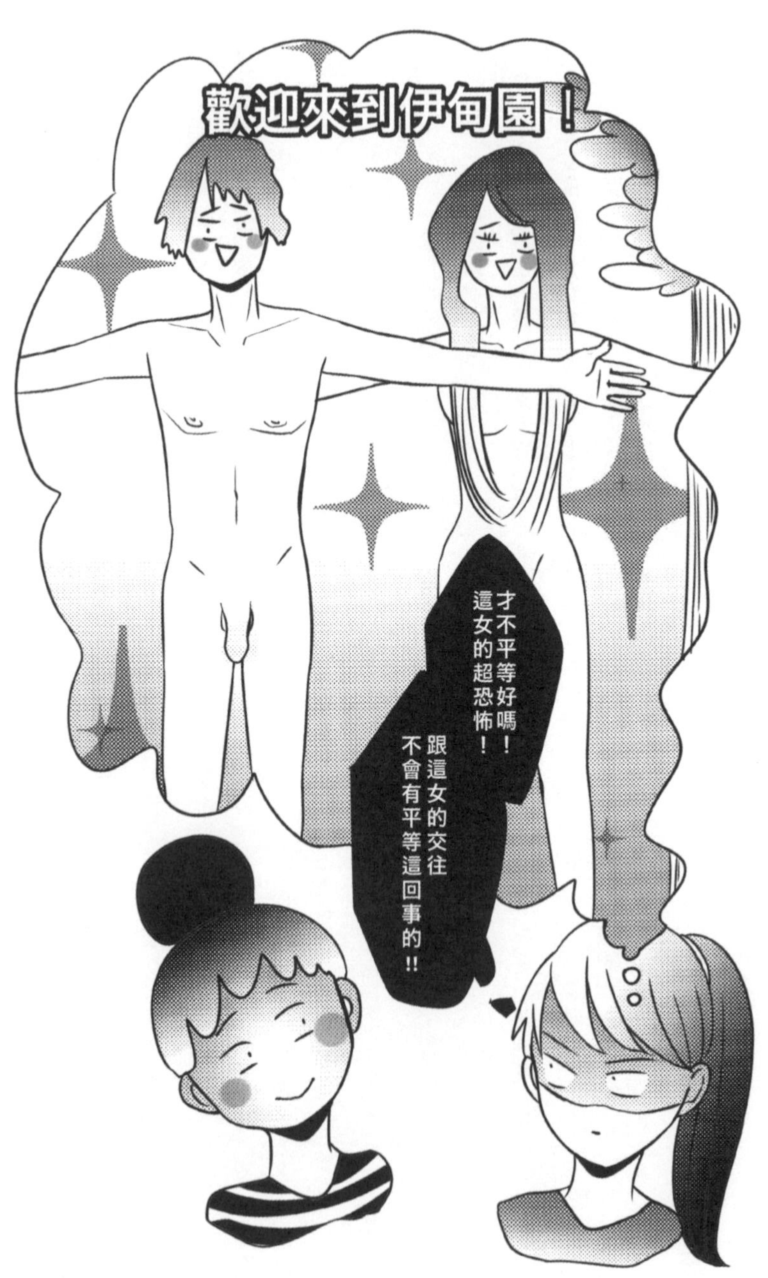
歡迎來到伊甸園！
才不平等好嗎！
這女的超恐怖！
跟這女的交往
不會有平等這回事的!!

像有時候看到有男生說希望自己老婆是處女而被罵翻天時，其實我能理解對方想法，像我也會希望自己的另一半是處男，因為我認為這也算是一種佔有欲，也是源自於愛。但如果今天你自己就不是第一次了，你是憑什麼要求別人也要第一次啦！不過如果老公後面的第一次是我的，我本人也是超可以接受的喔！（露出笑容

上天之所以給世界兩種性別就是為了讓男人可以搞在一起，然後讓女人強勢圍觀，我認為這是最美妙的社會分工，但如果男＋女的組合也可以很美妙，我覺得也不會有人想拒絕這份甜蜜。所以奮起吧！諸君！

追不追得到的問題沒這麼要緊，價值觀合不合問題比較大。
融合
我一直在尋找，和我的頭部構造可以**完美契合**的靈魂伴侶。
這腦部曲折度也太強人所難了吧?!

請君多包容阿腐一些

我真的很難告訴你腐女在被萌到的時候，其實是很想要暴打周圍的人暴打家具暴打空氣或者是暴打自己（簡稱暴走或是你要稱之為爆發也可以），以達到讓自己冷靜下來的目的。你一定想說：怎麼可能，我每次看到我妹都是那副被上身的鬼樣子，我不覺得她有試圖想要冷靜和停止驚嚇我。

但她真的很努力了，你他奶娘的一定要相信我。

若你有幸可以見到腐女萌到抓狂的一

驚嚇老哥和老哥的朋友

面，要不就是她本人比較外放，不介意讓外人看到自己水壩洩洪的場面，要不就是她真的對你敞開了心房，而且還是ＶＩＰ心房。像我本人就屬於比較容易封閉內心的類型，我萌到要死要活好像要升天或是根本應該下地獄的模樣必然只有我妹妹可以看到，這很簡單，因為不管對我自己或對對方的精神上都太刺激，那種來自腳底油然而生的地獄式笑法就是要笑到你心底和屁股都發寒，接著我自己在看到對方「腐女不適應症」的反應後也發寒，所以說如果我的腐笑讓不熟的人看到，那就只能約在雷峰塔下決鬥了。

人前的阿腐多半是處在極亢奮的狀態，一直以來大家都把阿腐看成野獸系女子，但請不要忘記了，阿腐也是人，阿腐也有喜怒哀樂愛恨嗔癡，阿腐的情緒也是常會遊走

在極限邊緣，甚至遊走在法律邊緣（欸。通常她二三次元男人們（這裡不包含男朋友）的任何消息都可以左右阿腐的想法心智和接下來幾天甚至是幾個月的生活模式，說白一點就是遙控器（阿腐喜歡的ＢＬ或角色）和機器人（阿腐本身）的關係，這就是我之前為什麼一直說：只要掌握了她最近愛的那兩個男人，你就掌握了她全部的心。

全部的心給全部的你們，全部的心如果碎了，靈魂就被掏空，這世界上的屍體就會多一具，更不用說在11月中某天團團長宣布結婚喜訊的那個瞬間，萌主唱和團長的腐腐們全都灰飛煙滅了，那殘破的景象是正當陶醉於海天一線的橘紅色夕陽，轉瞬間卻烏雲密佈、雷聲大起，一道不留情又這麼狠心的銀光打下來，受到衝擊的美人魚們永遠化作海洋裡的泡沫，與不再清澈甚至變得漆黑的死水融為一體。

萌三次元一直有個風險……妳ＣＰ任何一方的春天來了，妳的冬天就也來了。不是不祝福，也不是不能祝福，理智告訴自己他們會分別過得幸福、是該時候放手了，但眼眶裡的淚水止也止不住……

講成這樣好像是一個人在面對失戀還是失婚時的場景一樣，但才不是呢……這根本比失戀更嚴重幾百萬倍好嗎搞清楚!!更揪心的是，如果心碎了，短則三個多月、長則一兩年才能回復，有些人，甚至就再也回復不了從此一蹶不振、跟她提到此事還會二度傷害、幼小的心靈三級燙傷、就快要進入四度空間裡了、五世輪迴還是會惦念著這件事，這會不會……他媽的……太難過了一點……但就是這麼難過啊媽媽（痛哭！

秉持著人飢己飢人逆己逆的精神，雖然我本人不太萌三次元、對活人沒有這麼大的執著，但我很可以體會這種撕心裂肺接著鬱鬱寡歡很長一段時間的感覺。每次看到心愛角色領便當時，真是很想把繩子掛在脖子然後高空彈跳它個幾千幾萬遍，想著：「作者就算你讓他跟其他男角火車便當我都還比較能接受啊！」（一般人不接受）

不過後來我就漸漸能看開了，我體會到，有種比死還讓你更難過的方式，就是當你的本命過著比死還要更非人的生活時。你真的不要再相信「萌上主角就能有很多福利——可以看到他外掛、穿黃馬褂，可以看到好人長命，壞人償命……」這種話了，現在多的是把親生兒子當繼子在養……不對！連繼子生活都比你們好上N倍啊！（吃香喝辣、還和雙胞胎兄弟一起睡爸爸！）

親爹親娘有夠無良，把你眼白搞成眼黑、從黑毛虐成白毛；而另外一邊的白毛也是悲劇，在最後被莫名其妙的拯救、關在牢裡還要搞得像是總統住套房，與另外一個工具人組成史上最悲情工具二人組，團名就叫工具箱、而且能在牢裡見面卻不能在牢裡打砲真心悲劇；還有別忘了另外一個一人旅團的白毛，原以為可以跟主角組成兩人蜜月旅行團、私奔到月球再也不用理會女主角的智商，最後卻只能眼睜睜看著對方眼睛中的神采漸漸消失，比你擼到一半跳蛋的電量耗盡還要悲傷……

槓！寫到這裡我想報復社會！（馬景濤式二號表情吶喊

我當然知道「自古白毛命多舛，槍兵命蹇又時乖。」，這就跟「自古裕貴多斷手，害我時常搞錯棚。」一樣無奈又令人心酸，但雖然嘴上說著「我現在很好」，身體卻是誠實的啊！眼裡的神采總是在這些虐皮虐心虐骨的情節之後，出走到宇宙盡頭，一時半載不回來，看自己的心肝們過得不好，心肝也非常不好（身體器官意味，整個人都要暴躁起來，該陣子還有一定機率會不停散發負面能量，簡直比某個粉絲專頁還強。

比起這樣子的阿腐，是不是極度開心的阿腐會更好一些呢？看著有個小馬達火車在你旁邊轉啊轉的燒啊燒的快樂模樣（雖然有點太快樂，一般人都會因此而得到正面能量吧！不管是想跟她一起歡笑的正面能量，還是想要打她的一股衝動，都算是正面能量啊！

所以說，請君多包容阿腐一些吧！阿腐們只是有時喜怒哀樂太過明顯。

欸欸…你不覺得她身上很舒服嗎？
…
我已經舒服到不想講話了…
一隻人畜無害的粉紅色生物

如果有一天從BL畢業

「一日腐女，終身腐女。」這八字箴言已行之有年，沒有人知道它從哪裡來，但也沒有人質疑過它，大家把它當作必然的事實，不可違背也從來沒有人違背過，但實際上，脫離這個圈圈的人還是存在的，不管是跑去乙女圈還是宅女圈宅男圈抑或是直接回歸現實（？），你就是看得到曾經與你一同出生入死、在受君的洞口進進出出，怎麼一個小腳一蹦，竟跳到自己不熟悉的另外一個世界。這黯然的感覺真的是很想在寒夜中燒一壺酒、坐在路邊望著遠方邊喝邊配幾粒花生米。

對於同伴的離去，有些人能諒解，有些人不能諒解，因為過往情誼，因為種族認同，在這片被BL灌溉的土地上，滿盈著族人對土地的情感，我們時時仰望星空，我們常常親吻大地，我們圍著營火一塊唱跳，對著本子一同歡笑。於是，在瞧見朋友走在與昔日進來一樣的路出去時，更能感覺無比惆悵。

天上的星星
這麼美麗……
哪一顆是妳呢…
又不是死了

但絕對是會有人脫圈的，按照出生率死亡率移入移出去做計算，總要有人移出才會獲得平衡，不然按照這驚人的出生率（原發性腐女）和移入率（後天性腐女），腐世界人口早就應該已經爆炸性成長了才對。

入坑或許不需要理由，想那〈桃花源記〉的漁人也是誤打誤撞進了一片與世隔絕的美好仙境，但導致一個人脫圈的因素卻有很多，因為我們總是習慣為悲傷的事情找理由，這樣彼此才會好過。但比起漁人要好的是，即便你今日離開了這塊腐地，有天

都還能找到回家的路，那漁人想再回去，村落的入口早已不復見，但腐之村的夥伴會永遠為你在路旁打著燈，並在餐桌上幫你留一個位置。

「感覺累了，沒那麼愛了。」

「沒那個閒情逸致了。」

「想休息一下了。」

「沒錢了。」

「沒能被人允許著繼續喜歡。」

這種種的種種，都是發生在你我周遭的事。如果你把它想成一段充滿波折的虐戀或者是少年中二的悲慘命運，那你的心情就會變得很沉重；但如果你像我一樣，覺得腐就是一種學習和進修，會有畢業的一天，當然除了在學也能再學，那麼曾經斷掉的回憶和情感，也能無縫接軌般地銜接起來。

想想妳當初從純潔小女孩中畢業，成長為大女孩，又從大女孩修練變成大叔，人生就是一連串的畢業和進修，妳從想被男孩親吻到想把男人壓在路面上到他哭爹喊娘，就是從被動角色中畢業；對二次元人物比較有興趣，就是妳身邊的男人統統失業；從無憂無慮的校園生活到妳比主角們香豔刺激的校園生活，這其中的轉變讓你從平淡的人生中畢業。

而你現在，不過是從ＢＬ中暫時畢業而已，而未來的事誰也說不準。昔日考取的證照還在，學分也都有拿到，你可以把畢業證書擺在家裡，你也可以考慮過些日子後再重新到腐女社區大學進修，這都是很正常的，因為一度中離然後再入學的人真的是超乎你想像的多，再說你考取了這麼多證照卻要把它們丟掉，不覺得很可惜嗎？

有些人會感嘆自己不再是腐女、對ＢＬ不再有興趣。事實上，不是你在中途變得不腐，而是你本來就不腐。生為腐女人，死為腐女魂，就算中途一度掉隊脫坑，本人鐵口直斷你有一天還是會回來，如果你哪天不回來，那並不是你不腐了，而是你本來就不腐。

<table>
<tr><td>學程名稱</td><td colspan="2">Boys' Love 學分學程</td><td>承辦系所</td><td>腐人大學耽美學院腐女所</td></tr>
<tr><td>修習規定</td><td colspan="2">必修學分下限至少 53 學分
選修學分上限、下限皆無限制</td><td>開課校區</td><td>任何地方（水溝蓋旁也可以）</td></tr>
<tr><td>學程特色</td><td colspan="4">重視每個學生的個人生活經驗以及家庭背景，不採齊頭式的授課，更著重於 e 化教育，所有人皆能以線上視訊的方式與教材或老師進行一對一或者一對多的教學。選課方面亦無限制，除了必修學分以外，選修學分即便是零，系主任也不會在意，不如說是根本沒有人會在意。課堂隨時可以加簽而且人數無上限，我們曾經最高紀錄是同時有 30 萬人在線，即便如此，不會有學生坐在地上上課的情況。</td></tr>
<tr><td rowspan="2">課程架構</td><td>必修</td><td colspan="3">做人基本禮儀、三次元的法律基礎</td></tr>
<tr><td>選修</td><td colspan="3">《BL 是什麼？腐又是什麼？》《腐女是什麼？》《攻受大籮筐》《攻受的憂鬱鑑賞》《BL 漫畫鑑賞》《BL 小說鑑賞》《三次元人類之鑑賞》《死人鑑賞》《喘息鑑賞》《BL 統計學》《BL 語言學》《BL 教育學》《BL 物理學》《BL 犯罪心理學》《異性戀文化與刻板印象》《BL 小論文》《人體的極限藝術》《男體的體位大雜燴》《虛擬實境技術》《透視學》《BL 統計學（進階）》《痛痛的烹飪課》《基礎化學》《BL 中西醫學比較》《BL 能源與永續發展》《BL 史》《個人財務分析 &BL 相關物購買計劃之經營》《新式攻受的創造與管理》《奈米與光電半導體產業學分學程》《攻受的行銷與發展》。</td></tr>
<tr><td rowspan="2">未來出路</td><td colspan="4">升學：想升就升，想生就生，生完可以回來繼續升。</td></tr>
<tr><td colspan="4">就業：想就業便就業，每個就業機會都是一個腐三次元的機會。</td></tr>
<tr><td>相關產業</td><td colspan="4">沒有相不相關的產業，只有腐女滲透進去的產業，也就是全世界。</td></tr>
</table>

耽美學院 BL 學分學程之課程介紹

課程	課程名稱		課程內容	學分數
必修	做人基本禮儀（一） 做人基本禮儀（二） 做人基本禮儀（三） 做人基本禮儀（四） 做人基本禮儀（五） 做人基本禮儀（六） 做人基本禮儀（七） 做人基本禮儀（八） 做人基本禮儀（九） 做人基本禮儀（十）		簡言之就是教你做人最基本的禮儀，儘管這個課程需要有（十）是非常令人匪夷所思的，但樹多必有枯枝不是沒有道理，大家不要老想著要把枯枝放火燒掉，而是把枯枝集中起來再以火遁、豪火球之術燒掉（不對），使之重生。	50
必修	三次元的法律基礎		在二次元與妄想的世界中沒有法律，但在現實生活中是有法律的，這門課會讓你了解到做哪些事會被抓去關，而做哪些事又會被關到死。	3
選修	核心課程	BL 是什麼？ 腐又是什麼？	從宇宙另一邊講解到你內心小宇宙的這一邊，就是要世界萬物來告訴你——【BL 是什麼，BL 無所不在】。	6
選修	核心課程	腐女是什麼？	告訴你【腐女到底是什麼】【腐男是什麼】，還有【弄錯這些名詞的你又是什麼】。	8
選修	核心課程	攻受大籮筐	世界上的攻受名詞一次網羅，要你習得瞬間判斷攻受的技能。	10
選修	基礎課程	攻受的憂鬱鑑賞	攻受不只有喜怒哀樂，更會憂鬱。透過進入攻君受君的內心世界，了解他們為何憂鬱為何高興。（並不是靈媒課程）	8
選修	基礎課程	BL 漫畫鑑賞	這堂課將會從年頭到年尾都不停的在看漫畫請注意。財力不足或睡眠不足的同學請斟酌選修這堂課。	160
選修	基礎課程	BL 小說鑑賞	這堂課將會從讓你的藏書從床頭擺到床尾，床鋪長度沒有超過 30 公尺的請不要選修這堂課（沒有人。	160
選修	基礎課程	三次元人類之鑑賞	舉凡路人、藝人、網路紅人、只要他是個男性人類就含在裡面的三次元人類鑑賞，要你鑑賞世界的各個男人，從頭鑑賞到屁股，然後再不停的鑑賞屁股。	160
選修	基礎課程	死人鑑賞	不能講死人，要講前人，為了紀念那些逝去的先人們，我們要把他們的搞基作品和搞基生平通通記錄下來收藏在國文課本歷史課本和偉人名人傳裡面，永世流傳並進行無止盡的大規模破壞性鑑賞。	50
選修	基礎課程	喘息鑑賞	以世界各國的聲優及配音員的喘息聲作練習，除了提升聽力，更提升外語能力。	170
選修	基礎課程	BL 統計學	希望在對各式 BL 場景和劇情做出理性的科學分析，此為基礎理論，即為最一般的解析手法，欲更進一步深入了解其背後意義、象徵與操作模式，請於修習基礎課程後兩年內，繼續選修 BL 統計學之進階課程。	5
選修	基礎課程	BL 語言學	有些 BL 語等同於外星語，光是了解基本專有名詞還不夠，你需要更多更深更廣更先進更卓越的系統更新你的 BL 語言。	10
選修	基礎課程	BL 教育學	教你規劃 BL 文化的相關教育，包含蓋 BL 大樓、BL 圖書館、BL 宿舍、BL 警衛室、BL 停車場（欸那是建築系！	8

課程		課程名稱	課程內容	學分數
選修		BL 物理學	教你如何忽視物理和牛頓，而進行 BL。	1
		BL 犯罪心理學	知己知彼百戰百勝，修同一堂課的同學基本上人人都有著想要犯罪的心理，了解同學，並主動關懷，必要時可撥打 110 專線，以免同學去做不對的事。	1
		異性戀文化與刻板印象	作為相當稀有的一堂課，將會為大家好好的介紹異性戀以及解開一般對於他們的誤解和歧視。	20
		BL 小論文	自己選定一喜歡的題材去蒐集資料並寫出二十萬字小論文，不限字數。	3
		人體的極限藝術	說是人體，其實基本上只有男體，只有男體能超越男體，透過實際操作本課程請到的三次元模特兒，獲得男體方面知識。	30
	進階課程	男體的體位大雜燴	分析各種體位，辨認各類插入方式，讓你就算隔著草叢也能精準得出【攻受兩人現在正在公園東南方位灌木叢裡施展臥虎藏龍之二重抬腿體位、以 37 度斜角進行一個 1 秒抽插五下的動作】。	40
		虛擬實境技術	教導你如何在空無一物的狀況下，建立出一個屬於自己的耽美四維空間。	1
		透視學	教你如何透視攻受內褲底下的真心。（一樣不是靈媒課程）	10
		BL 統計學（進階）	此課程將請同學分成六大派，擇一黃道吉日，齊攻受君的光明頂。屆時將請同學以自身固有的基礎知識，揉合自身理念，展開數場辯論。（注意：這堂課沒有教授，只有維安人員在場邊待機。）	20
		痛痛的烹飪課	並不是指讓你切菜切到手痛痛的烹飪，而是讓你學會如何製作痛到不行的本命角色餅乾、本命角色們的七層婚禮蛋糕、本命角色關東煮、本命角色之花雕香腸、本名角色之佛跳牆、本命角之白酒蛤蜊麵、本命角之節慶鮮花籃、本命角之機關槍彈口、本命角居住場所之完美重現（哇靠這已經不是烹飪課了！	70
		基礎化學	讓你能在課程結束後學會如何用虛幻的方式調製出能自動分辨攻受的春藥。	10
		BL 中西醫學比較	透過研習中醫課程，了解中藥與西藥的開發與應用，以便在野外時依然能靠著大自然的花花草草製作春藥。	1
		BL 能源與永續發展	現今社會雜碎太多，如何將雜碎回收再利用、製成再生資源進而變成腐人類可使用的 BL 能源，修完此門課，好心情將得以永續發展。	6
		BL 史	了解 BL 的前世今生、紫微斗數、星座命盤，藉由奇門遁甲解開 BL 誕生之謎。	10
	超能課程	個人財務分析 &BL 相關物購買計劃之經營	教你學會用你手機裡的記帳小程式以及每個月產生的報表和爆炸的超支來控制自己的心智和購買慾望。 但【學會】和【做到】是兩碼子事。	1
		新式攻受的創造與管理	將會邀請到遙遠國度的有名寺廟來的住持與大家做心靈上的對談，透過打坐與禪修還有與住持的下午茶會，激發出創造力和管理能力，理由無他，完全是因為住持年輕時主修藝術學與企業管理。	30
		奈米與光電半導體產業學分學程	教你如化腐朽為神奇，把奈米屌變成全導體加長型光劍，算是一門變相的醫學暨生物科技課程。	1
		攻受的行銷與發展	教你如何無所不用其極推廣攻受與自己，大造美麗腐世界。	30

同學們不要打架！
真的要打的話⋯
打砲會比打架好！
至少**是爽不是痛**！

後記

路人甲：「哇，妳看，這孩子真是才女呢！古箏彈得這樣好。」
路人乙：「不僅如此，她可是各式才藝樣樣精通，跳起芭蕾更是優美得不得了。」
路人丙：「到底要怎樣才能像她一樣舉止優雅又有氣質呢？」

女主角：「就是多看BL。」（毫無根據

BL就是每個腐女都會引以自豪的地方。

尤其是在被眾人以社會普遍價值的標準稱讚一輪之後再來大方出櫃，在場所有人都會驚艷（當然有少數是驚嚇）……坦白講這是我覺得身為腐女最爽的地方——一種反差不能再更萌、更夢幻的曠世奇派（腐女子派。這有種「當眾人還在稱讚我的袍子如此飄逸和拉風，自己卻忽然燦笑著扯開這層美麗布料，裸露出底下雄偉巨物」的感覺。

我現在超可以體會暴露狂是個怎樣的愉快心情。

其實這次會出書我自己也很意外，大概意外了兩年（？）。坦白講寫第一本書的時候，我是抱著一種扶老奶奶過馬路會積陰德的心態，想說看看能不能利用自己的肉體和精神為這個圈子帶來一些目光和關愛，進而產生一些瞭解和平反。不過就在知道我這輩子必須和十八禁的貼紙相親相愛、白頭偕老之後，我乾脆就放棄逃婚但還是默默地寫著文章。

而第二本書，也就是這本，它的確有些東西和上一本不一樣了，並且現在的我也和寫出上一本的我不一樣了（但肝指數還是一樣的。「時間過去，人就會老……」欸廢話！時間在流動，BL和腐女不是死的當然也同步在發育，若說前幾年還在青春期、長一些惱人的痘痘，那麼現在便是個含苞待放的美女正要發光發熱，只是美女有時會變成野獸，而你，會變成小受。

「這個世界，將會開始習慣我的 king size。」我在寫完本書後這麼想著。

高調腐女的低調養成

作　　者　摸摸
裝幀設計　黃畇嘉
行銷業務　王綬晨、夏瑩芳、邱紹溢、張瓊瑜、李明瑾、蔡瑋玲、郭其彬
主　　編　王辰元
企劃主編　賀郁文
總 編 輯　趙啟麟
發 行 人　蘇拾平
出　　版　啟動文化
台北市105松山區復興北路333號11樓之4
電話：（02）2718-2001　傳真：（02）2718-1258
Email：onbooks@andbooks.com.tw

發　　行　大雁文化事業股份有限公司
台北市105松山區復興北路333號11樓之4
24小時傳真服務（02）2718-1258
Email：andbooks@andbooks.com.tw
劃撥帳號：19983379
戶名：大雁文化事業股份有限公司

初 版 1 刷 2016年1月
初 版 3 刷 2017年10月
定　　價　350元
I S B N　978-986-92348-2-5

歡迎光臨大雁出版基地官網www.andbooks.com.tw
訂閱電子報並填寫回函卡

國家圖書館出版品預行編目(CIP)資料

高調腐女的低調養成 / 摸摸著. -- 初版. -- 臺北市：啟動文化出版：大雁文化發行, 2016.01
面；　公分
ISBN 978-986-92348-2-5(平裝)
1.女性 2.兩性關係

544.5　　104027481